Anonymus

Iacobi Tavrelli

Anonymus

Iacobi Tavrelli

ISBN/EAN: 9783741171444

Manufactured in Europe, USA, Canada, Australia, Japa

Cover: Foto ©Andreas Hilbeck / pixelio.de

Manufactured and distributed by brebook publishing software
(www.brebook.com)

Anonymus

Iacobi Tavrelli

ACOBI TAVRELLI

FANESTRIS,

Exquisitior patronymia.

AL DVS

VENETIIS, M D LXV.

IACOBVS TAVRELLIVS

FANESTRIS, LVDOVICO

GABRIELIO FANESTRI S. P. D.

VOD *meum tibi libel-*
lum de exquiſitiore pa-
tronymia Fani non de-
di,factum eſt repentino
meo diſceſſu, per quem
non modo non promiſ-
ſum dedi munuſculũ,
ſed neque ſalutem dixi
ab limine. Habe me (rogo) excuſatum,& inof-
ficioſam hanc meam properationem, tardita-
temq́, officij compenſa, & conſolare illo emolu-
mento, quod & libellus tibi factus eſt auctior,
& mihi non leuis ſpes iniecta, res meas fore me
liores. Excepit me PIVS *hic* IIII. *pont. max.*
ſatis pio, iuſſitq́, bene ſperare. Ego, qui homi-
nis noui fidem in promiſsis faciendis, conſtan-
tiam in peramando, quem ſemel dignum ſua
beneuolentia, beneficentiaq́, iudicauit, profe-
cturum omnino boni aliquid ab illo in me expe
cto. quidquid erit, ſcies poſtea, et gratulaberis

mihi

· mihi (scio) habiturum me in aliquo esse numero
à tantæ maiestatis uiro, ut ego nunc tibi gra-
tulor, quòd Bononiam te contuleris in leges stu
dendi gratia, mihiq́ parueris, qui tibi non
multo ante consulenti me, quodnam studiorum
genus sequi deberes, respondi,
Tu regere imperio populos Romane memento.
Iurisconsulti enim & legum periti ad huiuf-
modi administrationem deliguntur. quorum
in numero ut excellas, molle ingenium tuum,
et acre studium, doctrinaq́ minimè ieiuna pro
certo mihi pollicentur. Quare da operam, ut
peractis feliciter studij istius tui spatijs, Romã
te recipias, ubi tua feruens uirtus ita emine-
at, ut & alios honores sibi debitos consequatur,
& Cardinalitiam dignitatem, quam Gabriel
Gabrielius aui tui patruus, uir amplissimus
ante adeptus est, continuet in tua gente, tanto
meliore fato, quanto prius tu græcas litteras à
puero, & in patria didicisti, quas ille senescen
tem, &, quando Vmbriæ, Perusiaq́ legatum
(ut uulgus loquitur) agebat : discere pulchrũ
putauit. ut adiumento tibi esse possit ad sa-
pientius, faciliusq́ gerendos magistratus, non

                                        magi-

magiſtratus impedimento ad diſcendum.
Vale, & Petro fratri tuo, & Antonio Maio-
rano communi amico, philoſophiæ candidatis,
nec tamen à poetica abhorrētibus amœnitate,
noſtras haſce Patronymicas, minus ab alijs ob-
ſeruatas obſeruationes imperti. Proſunt Poe-
tarum enarratoribus, proſunt poetis. quod in-
fraſcripto epigrammate ſum teſtatus. Vale
iterum. Ex Vrbe. III. Non. Mai. M D LX.

TAVRELLIVS AD LECTOREM.

Vtile grammatico noſtrum hoc opus, utile uati,
   Alter ut utatur, alter ut edoceat:
Sume, patronymicæ uocis; cùi doctior uſus
   Eſt cordi, & plurum ſubtrahe te numero:
Plures quippe mali, quos ignorantia uexat.
   Turbam horû ut fugias, noſtrû opus auxilio eſt.

PETRVS GABRIELIVS FAN.

PROTREPTICON CARMEN,

Virtus (ut aiant) urbis inſtar optimæ eſt,
   Habentis integerrimos ciues ſuos,
   Intelligentiaq́; ſumma præditos;
   Viros gerentès & probè rem publicam.
  Aequáq; partes qui ſouent modeſtia:

Mira-

Mirabiles, & admodum forti pares
Deorum, ibi non est uidere quempiam
Mouere auaras, ut rapinam exerceat:
Manus. ibi non ullus est iniurius
Cuiquam suorum ciuium, aut mortalium.
Nec cogitatur turpitudo, aut scelus.
Omnes sed una obire gaudent omnia
Viros decentia optimos, & maximos.
Mirum uideri nec tibi debet mali
Nam quidquid est in urbibus cunctis: malas
Dissensiones quod creet: longe amouent.
Quarumq; gratia alter alterum petit
Dolo latenti: ea omnia expellunt foras.
Aurum, & uoluptas nanque, honorq; turgidus
Iandudum habentur inter illos nullius
Momenti, ut ad rem apte gerendum publicam
Parum ualentia, atque deprauantia
Mores. ita usquequaque felicem, & sacram
Cunctis refertam denique, & beatam bonis
Omnes in omnibus pares, & liberi,
Legumq; seruantissimi uitam trahunt,
Cuncti fere aduenæ sunt urbis incolæ
Et pauperes, & diuites; dicunt enim
Omnes fore huius ciuitatis compotes.
Modò uoluntas omnibus ferens eò
Sit prompta; nec multum interest,utrum aduena
Sit liber, an libertus, an seruus magis.
Illic neque externa oris elegantia,
Nec ditiore cultu, auito aut suæ
Splendore gentis ciuitatem moris est

                                    Donare,

Donare, uerum oportet omnes maxima
Scientia effe nobiles, cupidine
Ettangi honefto, nec labores fpernere.
Nullo uoluptatum colore decipi,
Nil arduis in rebus emollefcere.
His quifquis omnibus nitens uirtutibus
Vrbem pede attinget graui, illico facros
Sumetur inter ordines hic ciuium.
O quàm beata lector hoc eft ciuitas.
O quàm beati illius incolæ. Quid eft?
Quid te moratur? quin cito carpas iter
Illuc. uide, quàm multæ eò ducant uiæ.
Tot funt uiæ, quot nobiles, & liberæ
Artes, duces tot, litteras quot bonas
Callent, libenter dexteram qui porrigent
Omnes tibi, fi adire pergas grauiter.
Dux quorum, & aufpex nofter eft Taurellius,
Bene ominatis qui adnotationibus
Voces patrum de uocibus tractas docet
Quæfitius libro hoc, & eruditius,
Quàm fæculis fcripfere qui prioribus.
Quin dicere aufim, quæ docet : prioribus
Scripfere nulli doctiorum fæculis.
Hunc lectorandi, iterq́, iam arripe impiger,
Angustiæ nec te uiæ deterreant.
Virtutis omne nam bonum folertia
Parat, laborq́; dura uenit omnia,
Et uicta reddit inde iucunda omnia.
Nihilq́; inertia excitat nifi malum.

EIVSDEM.

Ecce patronymicas uoces Iacobus ad unguem
   Differit, & reuocat quæ latuere prius.
Felix qui potuit nitidam ex fumo dare lucem,
   Quæ nulli affulfit condita grammatico;
Quæ tentata prius, fed nulli cognita, tandem
   Taurelli in lingua clarior emicuit.
Hanc Iacobus amat nunc innotefcere cunctis,
   Eloquio pollens, maximè & ingenio:
Quid dabis huic lector? quas credis reddere grates
   Poffe pares fcriptis, te quibus ipfe iuuat?
Crede mihi, hoc fatis eft; cupis hoc Iacobe, libellū
   Sume tibi lector, perlege, nofce, proba.

ANTONIVS MAIORANEVS
AD LECTOREM.

Vifere Pieridum facros quicunque receffus,
   Optat, opus uigili perlegat hoc ftudio,
Recta patronymicæ ratio hic dignofcitur artis,
   Et graio & latio perfpicua eloquio,
Nec tenebræ, ut prius, ullæ adfunt, Taurellius omni
   Dum facilè amota nube recludit iter,
Cuius ope & ftudio uatum monumenta nitefcunt
   Plurima quis aberat nocte premente decor,
Splendet opus fulgore tuo Ludouice, quod ora
   Docta uirum felix peruolitare iubes,
Non hoc perdet edax himber, non hoftica franget
   Ira, nec annorum comminuet feries.

IACOBI TAVRELLI

FANESTRIS, EXQVISITIOR
PATRONYMIA.

AD LVDOVICVM GABRIELIVM.

VAERENTEM te, mi Ludouice, de patronymici formatione, quod eſt apud Virgilium Anchiſiades, poſ ſum paucis expedire, ſi dicã factum per poëticam, I, lite- ræ interpoſitionem, hoc mo do, ab Anchiſes, Anchiſa- des: ab Anchiſades, Anchiſiades, ut ab Aeetes, Aeetades: ab Aeetades, Aeetiades. Vnde femi- ninum Aeetias, Medea Aeetæ filia? Ouidio lib. metamorph. VII.
Concipit interea ualidos Aeetias ignes.
& per ſyncopen Aeetis, Valerio Flacco lib. arg. VI.
- Et pauor artus   1
Proinus, atque ingens Aeetida pertulit horror:
& ab Iona, Ionades: ab Ionades, Ioniades, Simon
Petrus, qui Bariona uocatur hebraicè, ideſt filius
Ionæ. ita paucis expedire te poſſum, ſed & malè
de te mercar, cui tum utriuſque linguæ, tum mei
ſtudioſiſſimo nihil paruum debeo, nihil uulgare:
& peſſimè de ſanctiſſimis auunculi mei, & præce-

                                        B   ptoris

ptoris Iacobi Conſtantij manibus : qui, quod ille docuit me liberaliſſimè : non impertiar ipſe a-
lijs bonarum literarum ſeƈtatoribus pari menſu-
ra, & ſi poſſim de Heſiodi præcepto maiore, tum
uiri laudibus propagandis deſim, qui pro ſuo-
rum erga me meritorum magnitudine iuxta, atque multitudine: nunquam ſatis à me laudari po
terit, nunquam ſatis commemorari. Abſit à me
tam ingrati animi ſugillatio, & nota, & tu habe,
& tua cauſa alij omnes ſtudioſi ſuper exquiſitio-
ris patronymiæ uſu obſeruationes meas quaſdam
magis reconditas, & interiores ijs, quæ ſcripto-
rum turba, qui grammaticos canonas ediderunt
(infinitæ autem ſunt eorum non chiliades, ſed
myriades) tradidit haƈtenus, aut proſpexit. Μυ-
σικώτεροι hoc quid ſit, mox exponam, ſi prius ex-
poſuero; qui deuenerim ad huiuſmodi conſide-
rationem. Animaduerti ego quondam à teneris
annis pro aſſidua inter nos conſuetudine, Iacobū
Conſtantium ualde admirari, unde fieret, ut ab
omnibus rei grāmaticæ magiſtris traderetur, patronymicum hoc Scipiades formari à reƈto Scipio, onis. quia ſi fieret ab hoc reƈto, integrum
fieret Scipionides, cóciſum Scipiodes, cum quar
ta uocali in penultima. quæ deſinentia nuſquam
apparet in patronymicis maſculini generis, in fe-
minini уerò per quàm paucis, ijsꝗ; dorici idio-
matis, & in ος purum deſinentibus, ut Ακρίσιος,
Ακρισιώνη. id eſt Acriſius, Acriſione. Dicebat autem

tem, uerius fieri à recto Scipius, pij. quod propriū
uiri nomen dupliciter inclinatur, σκίπιος, πίε : καὶ
σκιπίων, πίωνος. ideſt Scipius, pij : & Scipio, pio-
nis, ut appellatiuum illud, σκόρπιος, πίε : καὶ σκορ-
πίων, πίωνος. ideſt Scorpius, pij, & Scorpio, pio-
nis, & alia multa. Hæc ille de uno, quæ tantùm
mihi inhæſerunt in memoria, ut multos poſt annos repetita mecum à me natu grandiore occaſio
nem mihi præbuerint, etiam alia quamplurima
obſeruandi, quæ prolata, pronunciataque ſint
in hunc modum. quorum nonnulla collegi hoc
libello, & ad te miſi. ut his cognitis, & perſpe-
ctis, minus mirum tibi uideatur, ſi tua de quæſtio
ne mihi propoſita noluerim cōmunia, triuialiaq́;
reſpondere. Docebo igitur (deſita aliquando præ
fatione) unius, & eiuſdem uiri nomen ſecundum
uarias nominum inflexiones à poëtis non nūquã
uſurpari ſolere : ac, licet uſitatius nomen, & frequentius habeatur ex una declinatione: ab alterius tamen declinationis nomine minus obuio
fieri patronymicum, idq́; conſtantiore in uſu re-
tineri. Dicam planius, & dilucidius. duo à me de
clarabuntur, unum, quòd duo, plurāne ſint propria unius uiri nomina: alterum, quòd ab eorum
aliquo minus uulgato patronymicum fiat aut cō
modius, aut eruditius. ſi quid præterea ſcitu dignum, & utile occurrerit (neceſſe eſt enim non
pauca occurrere) id quoque adiuuandi, delectan
diq́ue gratia attingam. claſſem ducat Aeneas .

B 2   Ἀινίας,

Aἰνέας , *ῖυ* , media breui per ι ψιλὸν cõmuniter
pro uiro Thebano , Chori magiſtro, dicitur Pin-
daro , Olympior. ſpecie V I.

~ Οῤμιιον ῦιῶ ἱτείρις
Aἰνία , ϖρῶτον μὲὴ ἤ-
ϱαν παρϑ ινίαϛ κιλαδῖσαι.

Aἰνέιας, νέιυ, media longa per ει diphthongum Ionicè , pro Troiano heroë , Veneris , & Anchiſæ filio, Homero tota Iliade, & hymno in Venerem.
τῷ δὲ κ᾽ Aἰνέιαας ὄνομ᾽ ἴασιται .

Aἰνέϛ, νίος, ῆνος, pro Cizyci patre, Dolopum rege,
Heleſponti accolarum Orpheo in Argonauticis,
Δὴ τότι κικλιμένων ἱπιλήλυϑι Κίζικος ἥϱϛ
Ος Δολόπων᾽ ἰῶαασι κιειιτιόνων ανϑϱρῶπων
Aἰνῦος φίλος ὑὸς .

ſuperiores duæ uoces ſunt primæ (ut noſti). ſim-
pliciter declinatorum nominum apud græcos
inflexionis : tertia tertiæ contractorum . Diuerſæ
igitur uoces, ~~diuerſæ perſonæ~~. nihil tamen refert.
Virgilius ſic accepit ex ſua , ideſt poëtica, autoritate , ut unum ſignificarent Aeneam ,
Quem Dardanio Anchiſæ
Alma Venus genuit,Phrygij Simoëntis ad undã.
ab Aeneas maſculinum patronymicum deduci-
tur Aeneades . Virgilius lib. I. Aen.
Defeſſi Aeneadæ, quæ proxima littora curſu
Contendunt petere.
unde femininum fiat Aeneas, ados, ab Aeneus
Aeneides quadrifyllabica uox , & per ſynæreſin
                                          Aenides

Aenides trifyllabíca. pro Dolopibus, Flaccus lib.
Argon. III.
Aenidæ caris sociûm digreffibus hærent :
pro Afcanio Aeneæ filio Virgilius Aen; lib. I X.
Sit fatis Aenidæ talis impune Numanum
Oppetiiffe tuis. :
Quod nec Seruiùm latuit, nec Prifcianum. fed
Prifcianus nutat, Seruius docet confirmatius.
Hinc femininum Aeneis, neidos. à quo magno
illi operi, quo errores Aeneæ, prœliaq; comple-
ctitur, titulum fecit Aeneis. quod fic formatur à
genitiuo recti Aeneus, fi communis eft, fit mafcu
linum Ἀινείδης, femininum Ἀινείς, fin Ionicus eft,
mafculinum Ἀινηίδης, femininum Ἀινηίς. quare
penultima Aeneidos ambigua eft pro dialecti
diuerfitate. à communi quidem lingua, breuis :
Ouidius lib. de ponto I I I. elegia I I I I.
Aeneidos uati grande fuiffet onus.
ab Ionica uerò, longa. Idem lib. triftium I I.
Et tamen ille tuæ felix Aeneidos autor.
quem Statius in Thebaidos peroratione imita-
tus, dixit.
Viue precor, nec tu diuinam Aeneida tenta.
Non malum fe ducem præbuit (ut mea fert fententia) Aeneas. uideamus, quàm ftrenuè fequan
tur Chryfes, Achilles, Laèrtes. quibus cùm fuæ
partes feliciter cefferint : tunc omnis quæftio de
Anchifiade liquido, facileq; fuerit declarata, ac
determinata.

Χρύσης,

Χρύσης, συ dicitur, & χρυσȣ̂ς, σίος.. ideſt Chryſes,
ſæ ; & Chryſcus, ſci . Αχίλλης, λȣ : Αχίλλαι, λȣ : &
Αχιλλȣ̂ς, λίος. ideſt Achilleslæ : Achillas, læ : &
Achilleus, lei. λαέρτης, τȣ : λαέρτος, ήȣ : λάρτος, ήȣ :
ideſt laërtes, tæ, laërtius, tij : & lartius, tij.
Chryſen à Chryſes ſemper nominat Homerus. filiam tamen, quæ κυριωτυμικω̂ς Aſtinome dicebatur : Chryſcidem uocat παζωτυμικω̂ς à χρυσȣ̂ς, quo
non utitur. contrà Hippodamiam Brilæ filiam,
Achillis amicam Briſcidem appellatà patre βει-
σȣ́ς, ό καὶ 6ρίσης : ideſt Briſeus, qui & Briſes. ſed
à Briſes abſtinet, non abſtinct à Briſeus, patet
ex primo Iliados libro.
Τ λώ, δ᾽ ήίοι κλισίηθεν ἴβαι κήρυκες ἄρρτης
Κȣρλω βριστὸς.
ubi βριστὸς κούρλω , ideſt Briſei filiam nuncupat
Briſcidem per antonomaſiam.
Ab Achil.cs, læ, & ab Achillas, læ, fieri poteſt
patronymicum Achillades (utà Butes Butades:
ab Hippotes, Hippotades, unde Aeolus Hippotades : ab Alebas, Alebades : à Demeas Demea-
des, & per ſynæreſin Demades) ſed ego nondum
reperi. Ab Achilleus fit Achilleides quinque ſyllabarum , & contractione facta Achillides. Ouid.
in Epiſtola Hermiones,
Pyrrhus Achillides animoſus imagine patris .
non nego tamen & Achilleides ſcribi poſſe quin-
queſyllabicè . à quo Achilleis titulus Statiani
poematis de Achille. ſed magis placet Achillides
contra-

contractè, ut Pelides, Thesides, Atrides, à Peleo,
Theseo, Atreo. Quod dixi Achilles, læ; idiotis-
mi est Dorici. Dores enim nomina in ὡς tertiæ
contractorum declinationis ad primam reducunt
simpliciû declinationem, mutata ὡς in ἢς, ut περ-
σἀς, πίρσης : ὀδυσἀς, ὀδύσης: & o in υ æolicè ὑλύσ-
σης (unde Vlysses Latinis, teste etiam Quintilia-
no lib. orat. institut. primo) Αχιλλἀς Αχίλλης. inde uocandi casus Ouidio lib. met. XIII.
Tuq́; tuis armis, nos te poteremur Achille.
Et Vlysse eidem in Penelopes epistola, primo uer
su (si uetustorum codicum fidei stamus)
Hanc tua Penelope lento tibi mittit Vlysse.
plures tamen legere Vlysses, ut uitetur amatum
alioquî græcis homœoteleuton. Illud autem
quod I. trist. lib. legitur, epistola IIII.
Vt foret exemplum ueri Phocæus amoris,
Fecerunt furiæ tristis Oreste tuæ.
mendosûm est, & corrigendum Oresta. qui uo-
catiuus est regularis à nominatiuo primæ æqui-
syllabicorum nominum uariationis habente τ an
te ης ultimam, & confirmatur grauissimorum poë
tarum usu Sophoclis; & Euripidis.
Euripides in extremo Oreste.
Ορίστα σοὶ δὲ παῖ δ᾽ ἐγὼ κρατι ῖγνῶ.
Sophocles in prima Electra
Ἰσῦν ουῶ Ορίστα, καὶ σὺ φίλτατι ξίνων
Πυλάδη τὶ χρὴ δραῖ ὲν τᾶχ βυλδι τίον.
A Laertes rectum sit fieri Laertades, conueniatq́;
certis

certis metrorum generibus (ut Achillades, & fi-
milia) non heroico, quod maximè huic competat: Laertiades integrum fit à Laertius: & Lartiades (per concifionem, an per auerfionem pofte-
rioris uocalis more attico?) ficuti & Lartius dicitur à Laertius, fecunda uocali extrita. Laertiades
à Laertius ἀπαθεῖ, & quadrifyllaba. Horatius lib.
ferm. II. fatyra V.

O Laertiade, quicquid dicam : aut erit, aut non.
Homerus in II. Iliados lib. & XI. Odyffex.
Διογνὲς Λαερπάδη πολυμήχαν' Ολυσσῦ.
Lartiades à Lartius trifyllabo, & ἐμπαθεῖ ...
Incertus autor lib. græcor. epigrámatûm primo.
Ασπίδ' Αχιλλῆος πὶν Εκβορος αἷμα ποῦσαι
Λαρπαδης δαναῶν εἷλε κακοκελοίη.
autor itidem incertus eiufdem operis lib. IIII.
Τίς ποθ' ὁ πὸν φοίης πόλεμον σελίδεσι χαράξας,
Η τίς ὁ πὴν δολιχὴν Λαερπάδαο πλαίω;
Lartius (quod à Laertius eft occurrit lectori apud
Sophocle in ipfo primo flagelliferi Aiacis uerfu,
Αεὶ μὲν ὦ παῖ Λαρπίυ δεδρκα
Π[ρατνι' ἐχθρῶν ἀρπασαι θηροφμένον.
Λαρπίυ, pro Λαερπίυ. nam fi legeres ὦ παῖ Λαερπίου,
una fyllaba uerfus. fuperabundaret. fi Λαέρπυ
pes offenderetur, occupata à fpondeo quarta fe-
de, quæ fua eft Iambi : Sed & Prifcianus ita legit
lib. VII. & Lartio pro Laertio ufum efse è noftris
Liuium Andronicum poëtam antiquiffimû ôften
dit. Laertos eft ubique Homericæ Odyffex. ut ne
alios

alios citem autores. quæ declinatio prima eſt, &
pariſyllabica. ex quo accuſandi caſus Laertcn ul
tima longa ex græco Λαέρτην. Ouidius in epiſtola Penelopes.

Reſpice Laertcn, utiam ſua lumina condas.

Quo loco ſi Laertem legamus per m, non per n,
accuſatiuum tertiæ latinorum nominum uariatio
nis: opus ſit poſtremam elidere, & uerſus red-
datur una ſyllaba minor. Ille quoque ablatiuus
ab hac ipſa inflexione eſt in Briſeidos epiſtola a-
pud eundem Ouidium,

Laerteq; ſatus.

Quem multi, caſum patrium eſſe exiſtimātes, per
æ diphthongum ſcribunt uitioſè. quia ſatus non
conſtruitur cum genitiuo caſu, ſed cum ablatiuo.
Virgiliuslib. Aen. V I I.

Satus Hercule pulchro.

Pulcher Auentinus.

Quid dicemus nunc his ita ſe gerentibus? an non
aperta res, & manifeſta eſt, quòd pari modo &
Anchiſes, ſæ, dicatur (unde Anchiſades) & An-
chiſius, ſii, hoc eſt græcè Αγχίσης, σίον (quod cum
Priſciano ſubolui ſſet, lib. I I. de patronymicis,
non ſatus fi pro certo affirmare) unde Anchiſia
des, quæ tua quæſtio eſt; propter quam inſtituta
eſt mihi hæc commentatio? quam, licet ſit humi
liore argumento, ne ſperne. ḡuoniam plena eſt
bonæ frugis: & multi, qui ſunt alioqui eruditio-
res, & ſpirant altius: hæc bonam partem igno-

C   rant.

rant. legant (quæſo) òmnia, deinde ipſi ſecum
reputent, quot acceperint, quæ nec poſtulabant,
nec cogitabant, nec opinabantur quidem .
Adiungunt ſe præmiſſis Thyeſtes, Nicolas, Pterelas, Iolas, Androgeus, Geryon, Electrus, Scipio, Minos, Athos, forſit in & patronymicis pro-
bandi : duabus, pluribus'ue nominum declina-
tionibus 'unde non una, & ſimplex patronymici ratio) quidem certè non recuſandi .
Thyeſtes, ſtæ, frequentiſſimus eſt inuentu.
Thyeſtius, ſtij, ratio. Sed indicatur à magni ety-
mologici autore. ab hoc Thyeſtiades, ab illo
Thyeſtades rectè deriuabitur. uſus unius magis, quàm alterius erit, pro carminum, quæ tractas, diuerſitate .
Primæ declinationes pariſyllabicorum ſunt Nicolas , Pterelas , Iolas , quod & Iollas dicitur
geminato ll propter metrum. Tertiæ Nicolaus,
Pterelaus, Iolaus: eadem & quartæ, quæ tota attica eſt: eſſe poſſunt, Nicoleos, Pterelcos, Ioleos.
autoritates de Nicola, Nicolao, Nicoleo ad ma-
num nullæ ſunt .
de Pterela Plauti Amphitryone,
Ipſusq; Amphitruo regem Pterelam ſua obtrun-
cauit manu . de Pterelao Theocriti Heracliuo.
Χαλκείας ἐπὶ θηκα ἐπ' ἀσπίδα, ταν Πτερελάυ
Αμφιτρύαν καλὸν ὅπλον ἀποσκόλλισι πεσόντος .
De Iola, Pindari Nemæorum , ſpecie III.
Καὶ πτερνας δέτπι καπόμισψαν
Εγκωτητή,

Εγκοίνη, Λαομέδοντα δ' Εὐρυ-
θίης τὶ λαμόν Ιόλα πα-
ρεσαίτας ἰὼν, ἵστροιν.
de Iolào, eiufdem Ifthmijs, fpecie I V.
Ἐν δὶ θήβαις ἱπποσόας Ιόλαος
Γίερας ἰχί, περοτὺς δ' ἐν Ἀργοις.
De Iolla per duo ll Virgilij ecloga, Dic mihi
Dameta. - meus eft natalis Iolla. Et infra,
Et longum formofe Vale, uale, inquit, Iolla.
nec moueat te, quòd hic Iollas pro ruftico pona-
tur, apud Pindarum uerò, & alios Iolas, & Iolaus pro comite, & auriga Herculis. origo utriuf-
que nominis eadem eft, impofitio huic, illi arbi-
traria. illa res magis te folicitum habeat, quomo
do Virgiliana uerba interpretantur. alij enim mirum in modum filent fuper hoc ultimo uerfu. Ser
uius (uel aggefta funt cuiuflibet uerba Seruio ab
imperitis librarijs, quod factum eft etiam in multis alijs) fic accipit, ut uel Menalcas duo habue-
rit nomina, dictus etiam Iollas: uel Iollas pro o-
ptimo paftore intelligatur ab Iolla quodam paftore nobiliffimo. at ego receffiffe Phyllidem ab
Iolla monftrari fentio, & effe cum Menalca. nam
cum Damœtas rogaffet Iollam, ut mitteret ad fe
Phyllidem, fuum fecum natalem celebraturam:
Menalcas non poffe hoc obtineri ab Iolla often-
dit. quippe ipfum reliquerit, fe fecuta. dicit igitur, fleuit Phyllis me difcedere, & dixit, ò formofe Iolla, uale, uale longum. ideft à te recedo,

tu uale diu . recedentium enim uerbum eft Vale.
in quem fenfum protulit Cicero, dicere multam
falutem. Græci dicunt μακραν χαιρειν.
Androgeus, gei, latina eft declinatio; Andro-
geos, geo, græca: Androgeon, onis, uel onos, la
tina, & græca . à primo genitiuus eft apud Virgil.
11. lib. Aen.   ·   · ·/ · · · ·   ·   · ·I
Androgei galeam .   ·   ·   ·   ·
à fecundo etiã apud eundem ciufdem Aen. li.III.
In foribus lætum Androgeo . · ·   (0) · · · ·
accufatiuus à tertio apud Propertiũ lib. II. eleg.I.
Reftituit patrijs Androgeona focis .   ·
à quo adiectiuum Androgeoneus . Catullus de
nuptijs Pelei , & Thetidos ,   ·   · ·
Androgeoneæ pœnas exoluere cædis . · / ·
Androgeonides, ac (ut uerfui competat heroico)
Androgeoniades , non malum fiet patronymicũ
ab hoc ultimo . à duobus fuperioribus ut fiant ;
non funt raceon tho dibidi flouerfui .   · · · · · ·
Rex in ultimis oris Hiſpaniæ; caius boues abdu-
xit Hercules:ut fuit trium corporum,ita eft trium
declinationum. Γηρυόνης, όνου , ideft Geryones,næ,
primæ fimplicium, & parifyllabicorũ nominum :
Stephanus de Vrbibus, Ερύθεια νῆσος γηρυόνου ἐν τῆ
ὠκεανῷ. Ἀπὸ ἐρυθείας τῆς γηρυόνου, καὶ * ἑρμου. ὡς παυ-
σανίας . in quibus uerbis dictionem ἑρμου aſterifco
notaui, quia perfpicuè redolent corruptelam . ·
Quid enim corruptum,nifi hoc corruptum dicas;
Erythiam Geryonæ filiam effe ; & Mercurii , hoc
   · ·   ·   ·   eft

eſt feminã genitã eſſe ex patre, matreq̃; maſculis?
Γηρύων, οντός, quintæ. latinè Geryon, onis. Dionyſius ἐν ἀξεληγήσοͳ.
Γηρύσας μ᾽ πότμον Ἀγήνορος.
Γηρυονεύς, ήος, tertiæ contractorum. Heſiodus in
Theogonia.
Χρυσάωρ δ᾽ ἔτικτι ϟρικέφαλον Γηρυονῆα.
quod carmen non delumbe eſt, etſi uideatur. licet enim κεφαλὴ penultimam corripiat, Τεμκέφα-
λος tamen hic, & πυτπκοντακεφάλος illo uerſu.
Πυτπκοντακέφαλος αναίδιά τι, κρατιερόν τι:
producunt ἐν ᾧ i,& poteſtate ϟ λάμϟϟα ὑγροῦ, ideſt
l liquidæ. qua cõmunis redditur (quando opus
ſit) quæ breuis uocalis antecedit. Inde ἰλώεια, &
μέλος (quanquam per ϟ ϟλὸν, quod natura breue
eſt: ſcribuntur) primam producunt apud Home
rũ, ἰλώειρ in principio primæ Iliados rhapſodiæ,
ϟϟδϟϟϟων, αὐτοὺς δ᾽ ἑλώρια τεῦχε κιώνασιν:
Μίλος hymno in Mercurium,
Ἱμερόεν κονάβησι, θεὸς δ᾽ ὑπὸ μέλος ἄειστ:
Et Perſiũ in Scazonte Satyrarũ operi antepoſito.
Quod Angelus Politianus ⱪ̃on uidit,& corrupit,
neutar legi iubens pro melos: mala inducta locu-
tionè, nec facta ſyllabæ medicina.
Et Atalante ſecundam, quæ alibi correpta eſt,
longam habet apud Ouidiũ li. metamorph. VIII.
‿ nemorisq̃; decus Tegeæa Lycæi.
Venit Atalante Schœnei pulcherrima uirgo.
Quem uerſum non ſatis dici poſſit, quantum mi-
ſera

ferabiliter deprauêt nonnulli,dum fe putant cor-
rigere. Forfitan & Iolas mediam apud Virg. &
relatus apud Terentium, & Lucretium primà
producunt magis ex hac ratione (doctius fine du
bio) quàm, quod necefse fit (quod ante dictum
eft) l geminare. quanquam non ignoro tradi à
Terentiano interprete ad Hecyræ prologum mo-
rem fuiffe antiquis omnes liquidas in uerbis du-
plicari. Geryoneus apud Latinos faciet Geryonei, Geryoniue in cafu patrio, ut Vlyffeus, fei.
Horat. lib. I. Carm. Ode VI.
Nec curfus duplicis per mare Vlyffei.
& Vlyffi Virgilius lib. I I. Aen.
Myrmidonû, Dolopum'ue, aut duri miles Vlyffi.
Quamobrem quod uulgo legitur in VII.Aen. lib.
Tergemini nece Geryonis, fpoliisq; fuperbus.
ego Geryonei, Geryoni'ue potius legam. ne
Geryonis terminatio cum fpoliis fonum reddat
auribus infuauem. Semiiauram commentaria,
quam Geryone habent tantifper admittenda,
dum ueræ lectionis Geryonei, Gerioni'ue, quid
per crafin fit, indicium faciunt. aliâs ut iniucun-
dum eft auditu, Geryonis fpoliis, ita nece Ge-
ryonæ.Quod uerò legimus in Varrone lib. de lin
gua latina VIII. fic Geryon, & Geryones, Geryonas: confiderandum, quid fibi uelit Geryonas. dicatur'ne, ut Aeneas: an corrupta uox fit
pro Geryoneus. Patronymicum à nullo horum
legi, fed fieri poteft ab omnibus.

Electrus

Electrus Alcmenæ pater uocabatur. Plautus Amphitryone.

Qui cum Alcumena nupta est Electri filia.
uel dictus est Electrius, & Electri in Plauto est per
Electrii per synizesin. ab aliis appellatus est Electryon. Diodorus Siculus lib. bibliothecæ IV.
cap. II. Τῆς Ακρισίου ζήνω δατάης, καὶ διὸς φασὶ γενέσθαι περσέα, τούτῳ δὲ μιγεῖσαν τὴν κήφεως Ανδρομέδαν Ηλεκτρυόνα γεννῆσαι. Επείτα τούτῳ τὴν πέλοπος θυγατέρ̄α συνοικήσασαν Αλκμήνην τεκνῶσαι. Apollodorus
lib. & ipse bibliothecæ II. Ηλεκτρυων δὲ γήμας τὴν
Αλκαιου θυγατέρα μενῶ Αλκμήνην. Pausanias in Corinthiacis, βασιλεῦσαι δὲ φασιν Ηλεκτρυονα ἐν τῇ μηδεία τὸν πατέρα Αλκμήνης.

Ab Electryone Electryonides, & Electryoniades
fiet patronymicum usu mihi incompertum, sed
monstratum à ratione. ab Electro, siue Electrio
Electrides, & Electriades, confimile superiori,
quoad usum. nam Electrides insulæ iuxta Absyrtidas in mari Adriano (ut Plinius lib. nat. histor.
III. cap. XXVI.) ante Padum (ut Stephanus)
ab Electro, quod est succinum, nuncupatæ sunt.
Electrides uerò Thebarum Bœotiarum portæ, ab
Electra Atlantis filia, quæ & Electryone dicta est,
nomen acceperunt. Habes apud Apollonii interpretem ad primum Argonauticon librum. Apollodorus III. bibliothecæ lib. Electras uocat, nisi
corruptus sit, Electras habens pro Electridas.
Scipio, onis, in frequentissimo est usu: Scipius,

pii,

pii, perrarò, nc dicam nullo. Scipiades tamen pa
tronymicū à Scipius, pii, uerius trahitur, quàm
à Scipio, onis; nam Scipio faceret Scipionides.
ex quo per concifionem Scipiodes remancat,
u ox ridicula, & inaudita, de qua à principio de
Conftantij ueftri fententia plura dixi.

Μίνως, ω, Minos, no, diciturab Athcnienfib.in-
quit Lafchares : ideft (ut ego interpretor) atticè
declinatur. & μίνως, νώος, (ideft Minos, nois)
communiter, & in accufatiuo μίνωα, Homerus
Odyff. lib. X I.

Ενθ'ήτοι μίνωα ἴδον διòς ἄγλαον υἱόν.

Sic Catullus de Pelei, & Thetidos nuptiis,
Magnanimum ad Minoa uenit.

Hinc patronymicum mafculinum Minoides; fc-
mininum Minois. Tibullus lib. I I. elegia V I.
Sic cecinit pro te doctus Minoi Catullus.
et Ouidius lib. metamorph. V I I I.
Protinus Aegides rapta Minoide Dian
Vela dedit.

Αθος, ω, atticè declinatur; autore Conftantino
Lafchare. unde accufandi cafum Αθων ufurpauit
Herodotus, uel Seruio monftrante fuper illo Vir
giliano uerfu ex X I I. Aen. lib.

Quantus Athos, aut quantus Eryx.

in quo cafu etiam Αθω deprendes apud Theocri-
tum in Thalyfiis.

Η Αθω, ἢ Ροδόπαν, ἢ Καύκασον ἐχατόντα.

A quo mutuatus Maro nofter lib. I. Georg.

                Aut

Aut Atho, aut Rhodopen, aut alta Ceraunia telo
Deijcit .
cuiufmodi terminationem fine, n, in quinque
accufatiuis fignat Lafchares ex attico Archaifmo,
Aθω, λεγωνέω, κω, ιω. quod fi uerum eft, malè Ser
uius docuit ad illud carmen,
Quantus Athos, aut quantus Eryx.
ος effe breuem . quia cùm atticè declinetur per α
μέγα, o longatur. Dicendum pro Seruio, intelle-
xiffe eum breuiari in declinatione communi,
quæ per ο μικρόν emittitur, fic Aθος, & inueniatur
uero, nec ne equidem nefcio. non poffum tamen
adduci, ut putem, Seruium (tanta eft hominis do
ctrina, tam recondita) docuiffe, nifi reperiffet. .
Accedit huc, quòd attica declinatio parifyllabi-
ca fit à communi. Quam ob rem neceffe eft com-
munem effe priorem attica . quod & Gazæ pla-
cluit in fua grammatica. Dicebatur & Aθοος, & ab
Aθος : ut à κως, κόος, inquit Stephanus. & ab Aθοος
Aθες per fynærefin. reperitur Aθοος in Homero,
fed loco labecula oppreffo, ideft hymno in Apollinem,
Θρηίκιος τ' Aθοος, καὶ Πηλίου ἄκρα κάρηνα . Quo loco
fi Aθοος legatur, nó deerit fyllabæ offenfio, produ
cta prima, quæ ubiq; eft breuis, nifi pleonafmon
admittimus, fcribentes Aθοος, ut XIIII. Iliad. lib.
Εξ Aθοω δ' ἐπὶ πόντον ἐβήσατο κυμαίνοντα.
Quatenus uerò tradit idem Seruius, Athon quoque Athonis dici, non caret autoritate (etfi qui-

18

dam negant) eaq́; grauiſſima. præter enim Sui-
dam, in quo legitur, Aθωт, ὅϱϛ σιὺ τῷ ϊῦ λί϶ουσι :
quod de recto intelligendum eſt : Cicero lib. I I.
de finibus, Athone protulit caſu Romano. Vt ſi
Xerſes cum tantis claſſibus, tantisq́; equeſtribus,
& pedeſtribus copiis, iuncto Helleſponto, Athone perfoſſo, maria ambulauiſſet, terram nauigaſ-
ſet. Quæ uerba (dicam fortaſſis audacius, dicam
tamen) multum uereor, ne mendum patiantur
ab his, qui parum uim latini ſermonis tenent,
parum periti ſunt bonorum autorum uſus. nam
cùm probè ſcriptum eſſet (ut equidem exiſtimo)
cum tantis claſſibus, tantisq́; pedeſtribus copiis ſ
illi perperam, & inſcitè intruſerunt, interpola-
runtq́; aliam uocem equeſtribus. neſcientes, pe-
deſtrium uoce, utrasq́; copias ſignificari equitū,
peditumq́; uel, quod hi pedibus ſuis rem gerant,
illi equorum, utrique terra : uel quòd cùm plures equitibus ſint pedites, à pluribus fit denomi-
natio. Quare ſicut Cæſar dixit lib. belli ciuilis II.
nauibus Tarraconem diſcedit, pedibus Narbo-
nem peruenit : ſicut Cicero li. epiſtolarum ad At
ticum III. epiſtola VIII. claſſe Athenas, pedibus per Macedoniam uenire. & lib. X. epiſt. ad
Att. epiſtola aldinæ impreſſionis IV. pedibus ne
Rhegium, an hinc ſtatim in nauem, & alibi con-
ſimiliter, ubiq, pedibus pro terra, ideſt per terrã
aduerbialiter : ſic id Cicero protulit in Catone,
pedeſtres, naualesq́ue pugnas: ſic prædictus Cæſar

far lib. belli gallici 11. concifa pedeftria itinera,
æftuarijs nauigationem impeditam : fic lib. IIIL
pedeftria itinera, cùm præmiſſum eſſet, pugnan-
dum in fluctibus,& in aquæ lubrico eſſe:fic lib.4.
belli Alexandrini, Aegyptum maritimo itinere,
Pharo ; pedeſtri, Pelufio : quafi duobus clauſtris
munitam eſſe. quibus in locis omnibus pedeſtris pro terreſtris accipi debet,& tam ad equites,
quàm ad pedites referri . Loca funt clariſſima.
Locorum autores puriſſimi,in latino eloquio prin
cipes. quibus cum faciunt graci non minoris uiri autoritatis,apud quos πεζῷ, ideſt pedibus:&
πεζος, ideſt pedeſtris: pro terra,& terreſtris : eſt in
ufu.fed nolo huc omnia coaceruare.fatis fit nunc
lectorem monuiſſe. ab euagatione domum re-
petamus
ab Aʒc. Roʒphan fatuum ne fit patronymicum,
uiderint alij, fieri poſſe concedo . Satis ne multi
hactenus producti funt, qui rem noftram bene
geſſerint, & ex ſententia? an alios aduocamus?
fatis (quæ tua eſt in cognofcendo ueritatem per-
ſpicacia, in concedendo æquitas) dices ; fcio. at
ego complures alios, qui caufæ patrocinentur
(propter refractarios quofdam,& peruicaces, qui
nihil probant, nifi quod ipfi cognitum habent)
fubiiciam, erunt hi tanquam in acie triarii, qui
nutantes iam, & propè inclinatas hoftiles copias
penitus infringant, & debellent . Referantur igitur in hunc numerum Oileus, Phorcus, Typhon,

D 2 Erichtho-

Erichthonius, Oedipus, Talaus, Iapetus, Anthemus, Deucalus, Icarius, Acrisius, Pluto, Bellerophontes. habeo & alios bene multos, quos pof-
fim adijcere. fed uereor, ne hi nimio plures ui-
deantur, & faftidio fint legentibus. Itaque fimus
his contenti, & præfati, ab omnibus fieri poffe pa
tronymica feruatis rei grammaticæ decretis, ea
tantùm adfcribamus, quæ ipfa fe nobis ultro quo
dammodo obtulerunt, anxius quærendi labor
abfuit.

Bellerophontes, tæ, & Bellerophon, tis, & Bellerus, leri pro eodem uiro accipiuntur, qui ante-
quàm Bellerum Corinthiorum regem interfecif-
fet: Hipponous, & per crafin Hipponus: aut Leo-
phontes appellatus eft. refertur ab Euftathio Ho
meri interprete ad V I. Iliados librum, 161. 134
Αὐτὰρ γλαῦκος ἴηκτυ ἀμύντα βιλλιερφόρτην.
Vocibus una, & altera ufus Horatius libu carminum I I I. tertiam, quæ eft Bellerus. habet in rhe
torico lexico teftatur Euftathius. Quæ uox tertia
eft apud nos inflexionis: habetur ode ad Afteris:
Caflo Bellerophonti
Maturare necem refert.
quæ primæ: ode ad Neobulen,
Eques ipfo melior Bellerophonte.
Sic enim lego, ut legit Aldus Manutius: qui ad-
notauit ex antiqui codicis fide oden illam effe di-
colon Triftrophon, ac duos uerfus conftare tribus Ionicis à minore, tertium quatuor cum Dio
medes,

medes, & Perottus afferant; totam effe monoco-
lon, & omnes uerfus abfolui tribus Ionicis mino
ribus.Sed quoquo partiaris modo,quatuor à prima fyllabæ in Bellerophonte Ionicum pedem im
plent,qui minor dicitur,fiue à minore : non Pæo-
nem ullum, ut docet Aldus. neque dandi cafus
Bellcrophóti pro Bellerophonte cafu auferendi,
admittendus eft, ut Bonfinis exiftimauit. quia
Bellcrophonte ablatiuus eft primæ uariationis,
nothus ille quidem, fed tamen naturam illius re-
ferens,à quo trahit originem. talis eft Laërte a-
pud Ouidium, de quo fuperius.

Πλῦτος, τυ,ideft Plutus,ti; πλούτων, τωτος, ideft Plu
to, nis : πλυτοῦς, τίος, ideft Pluteus,tei, inferorum
Deus, & diuitiarum. unde & Difpater dictus à
Latinis. nec me latet alijs alium effe Plutum,, a-
lium Plutonem. fed & hoc, quod dixi, uerum
eft. Plutus & apud alios eft, & præcipuè apud
Ariftophanem comicum. cuius fabulam habe-
mus fub Pluti titulo. Corrigendus in hac uoce
Apollodorus lib. I. bibliothecæ, Κεῖυ δὶ, κỳ ἀ̓ρυ-
βοίας τῦ πλούτυ Αςραῖος ỷ πέλλας, πόρας. pro πλούτυ
fcribendum πᾱχ. idem paulò infra, πόντυ δὶ, κỳ
ᾱς φόρκαις, θαύμιας, μηροῦς, Εὐρύβοια, κππὸ.Εὐρυβίη tamen ab Hefiodo dicitur, quæ ἀρύβοια, eft Apollodoro, credo metri gratia.

Κρεία δὲ ἀρυβίην τεκεν ἐν φιλότητι μιγεῖσα
Αςραῖον τε μέγαν, Παλλάντά τε δῖα θεάων
Πίρσην θ᾽ ...

Et

Et superius de ponto .

Αὔτις δὲ Θαύμαντα μέγαν, καὶ ἀγήνορα Φόρκυν
Γαίη μισγόμδυος, καὶ κυτὼ καλλίπτρηον
Ευρυβίλω τ᾽ ἀδάμανίζε ἐπὶ φρισὶ θυμὸν ἔχουσα .

Pluto tam frequens inuentu est apud omnes Latinos, & Græcos, ut superuacaneum sit, testimo-
nijs confirmare . Pluteus rarior monstrandus est.
Antiphilus li, I. epigrammaton græcor.

Αμφοτίρης ἀδικεῖς καὶ πλωτία, καὶ φαίδοντα
Iasius, sii, & Iasio, onis Dardani frater, Cereris
amicus .

De Iasio Hesiodus in Theogonia ,

Δημήτηρ μδὺ πλούτον ἐγείνατο δῖα θαάων .
Ιασίω ἥρωϊ μιγείσ᾽ ἐρατῇ φιλότητι .

De Iasione Ouidius lib. metamorph. X I.

- Queritur canescere mitem .

Iasiona Ceres .

hunc etiam Ηετίωνα, idest Eetionem uocatùm refert Apollonij commentarius ad primum argonauticôn librum . adstipulatur Clemens protre-
ptica aduersus gentes oratione, Dardani fratrem
dicens . Is autem Iasion fuit, non alius: ut etiam
hac uoce (si usus ferat) uti possis, ab hac etiam pa
tronymicum deducere. nisi refugias, in ambiguũ
delabi . quia non solùm ab Cereris amico oria-
tur, uerùm etiam ab Andromaches hectoreæ u-
xoris patre, & ab excellentissimo pictore. cuius
nomen deprauatum in Cicerone, paradoxo quin
to, nondum à castigatoribus tot numero; multi
doctis,

doctis, tanta bonorum librorum copia subnixis
bene correctum est, & integritati suæ restitutum.
Legebatur uulgo, Auctionis tabula te stupidum
tenet, aut signum aliquod Polycleti. aliqui ma-
luerunt legere, Actæonis tabula, aliqui Actoris,
alii Echionis. reliquæ uoces somnia sunt, & nihil ad rem faciunt. Echion aliquid facere uidetur. numeratur enim à Plinio lib. X X X V. cap.
V I I. inter claros pictores.capite autem X. & qua
tempestate claruerit, refertur, & quarum gloria
tabularum. Ego, cùm nusquam alibi pictorem
id nominis inuenerim : suspicor, non minus Pli-
nii codicem, quàm Ciceronis, mendosum circum
ferri, & in Cicerone Aëtionis, in Plinio Aëtion
legi debere. quoniam hunc pictorem fuisse clarif
simum bis memorat Lucianus, semel in Herodoto, siue Aëtione, iterùm in imaginibus. & in imaginibus quidem optimis pictoribus aggregat, Po-
lignoto, Apelli, Euphranori, commendans ipsum
à pingendis labris, quemadmodum Euphrano-
rem à comæ, Polygnotum à superciliis, & genis,
Apellem à reliquo corpore. In Herodoto autem
narrat uenisse in Olympiâ allata tabula, qua Rho-
xanes, & Alexandri magni nuptiæ erant pictæ. cu
ius artificii præstantia delectatum Proxenidam
tunc Hellanodicen, ipsum, licet externum, in ge-
nerum sibi adsumpsisse. De Aëtione loqui cœptû
est (inquies) erumpitur in Aëtionem. ne mirare,
ὡς τῶ αὐτῶ ἧτ Aτίων, & a in x uerso Hτίων. denique
Eetion

Ection celebratura Theocrito, sed sculptor, non
pictor. nisi uelimus eundem (quæ laus etiam nō-
nullis aliis contigit) cœlo ualuisse, & penicillo.
epigramma animi relaxandi gratia (ualde enim
suaue, & lepidum est) subieci.

Ηλθι και εις Μιλητον ο τυ παχηστος υος
 Ιητηρι νοσων αδηl συνιστομανος
Ριχια. ος μιν ιν ημαρ αει θυιστην ιστιτα,
 Και τοδ απ διωδυς γλυφατ αγαλμα χεδρυ.
Ητιωτι χαειν γλαφυεις χρεος αχερ ιπτυς
 Μιστον. οdεις ιργον πασαν αφηκι τεχλω.

Ego in latinum sic uerti, ut fidelius sensum red-
derem, quàm concinnius uerba, & structuram.
Et Miletum opifer concessit Pæone natus
 Niciam ut ad medicum degat, & unà habitet.
Cottidie quo sacra ferens adit ipsum, & adora
 Præbuit è cedro, quam meruit, statuam.
Exoluitq; manus precium ingens Ectioni.
  Gratus. hic immisit, quanta erat; artem operi.
Hæc tamen omnia, quæ de purgandis à uitio Cicerone, & Plinio attuli: sic allata esse (nequis au-
daciæ me arcessat) uolo, & protestor, ut excitatio
sint, non constitutio ad male sanos autores pristi
næ sanitati restituendos. medicinam feci, quam
potui, aptiorem & minus circunforaneam (si pos
sunt) faciant alii. dummodo infirmi curentur;
per quos curentur, non laboro.
Iasus, si, quoque, Iasius, sii; Iasio, onis, Atalan-
tæ pater, Milanionis amicæ (Milanionem die, nō
                                        Milanio-

Milanionem Muſæus,

Παρθένος, οὖ σι λέληθυ ἀπ' Ἀρκαδίας Ἀταλάντη.

Η ποτε μειλανίωνος ἐρασαρμῴου φύγῳ ἀνίω

Et Apollodorus lib. I I I. bibliothecæ. Ηδη δὲ πολ
λῶν ὑπολυμῴων, Μειλανίων αὐτῆς ἐραθεὶς ἧκεν ἐπὶ τὸν
δρόμον. & alij) de Iaſo, Apollodorus lib. eodem
I I I. Ἰάσου δὲ, κỳ κλυμῴης τῆς Μινύη Ἀταλάντη ἐγύετο.
De Iaſio, Callimachus hymno in Dianam.
Η ῥησας δὲ τι σσάῖχυ πεδορέώlω Ἀταλάντην.
Κούρlω Ιασίοιο σvοκτόνου Ἀρκασίδαο.
De Iaſione Aelianus lib. uariæ hiſtóriæ X I I I.
Λόγος οὗτος Ἀρκαδικὸς ὑἐpὶ τῆς Ἰασίωτος Ἀταλάντης.
Ab Iaſus, Iaſis, Atalanta Iaſi filia. Propertius lib.
I. elegia I.
Milanion nullos fugiendo Tulle labores
Sæuitiam duræ contudit Iaſidos.
Hic obiter ~~noeas aeliani, no omñ~~es eadem ſcripſiſ
ſe dẻ Atalanta, ſed alios dùas tradidiſſe, unam
Iaſii à Milanione amatam: alteram Schœnei ab
Hippomene. alios confudiſſe, & uni omnia tri-
buiſſe. ſuperiora non præteriit Apollodorus, in-
ſuper Mænalum patrem illius fuiſſe, cuius uir fue
rit Hippomenes: addidit éx Euripide. Quam ob
rem Ouidius, cùm dixit in Phædræ ad Hippoly-
tum epiſtola,
Arſit &'Oenides in Mænalia Atalanta.
Mænaliam poteſt dixiſſe non tam, quòd Archa-
dica eſſet', eo quod Mænalús mons Arcadiæ eſt:
quàm quòd Mænali filia. Apollodori uerba ſunt

E   infra

infrafcripta. Ησίοδος, καὶ ἔτι ϖρὶ τὴν Αταλάντην οὐκ Ἰάσου, ἀλλὰ χοινέως ἔτϖι . Εὐειπίδης δ᾽ μανάλου, καὶ τὸν
γήμαντα αὐτὴν οὐ μειλανίωνα, ἀλλὰ Ἱϖϖομέδι . In Apol
lonij ſcholiis pro Hippomene redditur (quòd fe
rè idem eſt) Hippomedon . ſic enim ſcriptum eſt
ad I. argon. lib.

Αταλάντη Ἰασίωνος Θυγάτηρ . ἴαι ὄγημα μέλανίων . .
Επ᾽ ἐχ γάρ ὄστ᾽ εργεῖα, ἴαι ὄχαμα Ἱϖϖομέδων .
His obiter notabis, perſequemur alia .
Acriſius, fii ; rex Argiuorum, Danaës pater .
Ouidius lib. metamorph. IV.
Solus Abantiades ab origine cretus eâdem
Acriſius ſupereſt.
Idem Acriſion, onis; unde Acriſioneus poſſeſſi-
uum . Virgilius lib. Aen . VII.
- Quam dicitur olim . .
Acriſioneis Danaë fundaſſe colonis .
Acriſioneos colonos poſuit pro arginis, ab Acri-
ſion, onis, qui & Acriſius : non ab Acriſione, neſ,
ideſt Danaë Acriſii F. quod Priſcianus, & Pri-
ſcianum ſecuti docent ineptiſſimè . quid enim
ineptius, quàm dicere, Danaën fundaſſe urbem
colonis Danaës? & Acriſioniades . Ouidius lib.
metamorph. V.
Vertit in hunc harpen madefactam cæde Medufæ
Acriſioniades :
Icarius; rij, & Icarion, onis, pater Penelopes . u-
trunque poſuit Apollodorus lib. III. bibliothecæ, bis utrunque, Icarionem, cùm dixit, Οἰβά-
λου

λου δὲ, ἐ ντ‌ἰδος νύμφης Βατνίας πινδαρίων, ἱπποκόοντα.
Ἰκαρίονα. & paulò pòſt, ‌ζύτοις Ἰπποκόαν ἔχον παῖ-
δας, Ἰκαρίονα, ἐ Τινδάριον, ὀξέβαλιν ἐκ λακεδαίμο-
νος. Icarium non multo poſt ſuperiora. Ἰκαρίου μὲν
οὖν, κὴ σπεεβοίας νύμφης ντἰδος ὑιοὶ ἄρρενες πέντε Θόας,Δα
μάσιππος Ἰμεύσιμος,Ἀλύτης, Περίλιος,καὶ θυγάτηρ Πη-
νιλώπη. & paulò inferius. Οδυασεῖ δὲ σπβὲ Ἰκαρίου
μνηςεύεται Πηνιλόπην. Ouidius cùm poſuiſſet Icarium in Penelopes epiſtola.
Me pater Icarius uiduo diſcedère lecto
Cogit, & immenſas increpat uſque moras.
ab Icarione tamen duxit patronymicum lib. III.
de ponto, ad uxorem,
Monte nihil opus eſt, nihil Icarionide tela.
ſic & Virgilius in culice,
Ecce Ithaci coniux ſemper decus Icarionis.
& Propertius lib. III. elegia de auaritia,
Quídꝗ tʰerunt faſtus Icarioni tuos.
quibus tamen in locis omnibus Icariotis uulgò
legitur, ac ſi dicatur Icariotus, & ab Icariotus
fiat Icariotides: ab Icariotides, Icariotis. Sed e-
nim quia nuſquam, quod ego ſciam, reperitur
Icarioni eriſsmilius mihi fit, ut ab Icarion de-
ducatur Icarionides: ab Icarionides, Icarionis.
Quod ſi placet retinere,t,literam in ultima femi-
nini patronymici ſyllaba: perbellè tibi ſuccedet,
ſi mente repetas,ab Icarius fieri Icariades:ab Ica-
riades, Icarias. cui ſi detrahas, a, reſtabit Icaris:
ſi addas,ti, fiet Icariatis hoc modo,t, retinebitur

C: E 2   in

in ultima . fed prima uocalis , non quarta, erit in
penultima . Icaris eft apud eundem Ouidium
in Ibin ,

Ac nelut Icaridos famulæ periêre , prociq; .
Famulæ legendum , non (quod malè legunt , &
declarant enarratores) famuli . & de Penelopes
ancillis intelligendum, quarum duodecim (cùm
effent quinquaginta) quòd fe latenter cum procis commifcuiffent , ac dominos contumelijs o-
neraffent : fufpendio uitam finire (ne pura mor-
te occumberent) à Telemacho funt compulfæ ,
lege Homerum in extremo XXII . libro Odyffeæ
Pura mors (nequid quæras) enfe illata dicebatur, uel (ut alii) communis . impura , qua quis
ftrangulabatur . Euftathius docet. Impuram
hanc Virgilius lib. Aen. ultimo informe letum
dixit .

Et modum informis leti trabe nectit ab alta :
Hihc noftrum illud carmen tibi pro noftra no-
tum confuetudine , in fabrum quendam puera-
rium , & fufceptricis filii (commatrem uulgo ap-
pellitant) concubitorem ,
Se faber inceftus , pædicoq; ftrangulat ipfum
Quem ferro , aut flammis lex pofita interimat.
Aequa magis, quàm nos ftatuit, melioraq; cafus,
Purum obitum impuri qui uetat effe hominis
Icariatis poteft, & debet effe (nifi arrideat magis
Icarionis in omnibus præcitatis uerfibus) Proper
tij , Virgilii, Ouidii , Fitque ab Icarias, in eope fi-
ta

ta, ti, fyllaba, ficut à Zephyris, Zephyritis. Catullus ad Hortalum:
Ipfa fuum Zephyritis eò famulum legarat:
ab Oceanis, Oceanitis. Virgilius lib. IIII. Georg.
. Clioque, & Beroë foror, Oceanitides ambæ.
à Cœis, Cœitis; Latona Cœi Titanis filia. Homerus hymno in Apollinem.
Αητοῖ κυδίῃ θύγατηρ μεγάλοιο κοίοιο.
Κοίοιο Ionicè pro κόω. diphthongus breuis prope
fequentem uocalem. uel lege κόοιο, detracta ι ex
prima fyllaba; more Aeolum, ut πωτής pro ποιή-
τής; unde ad Latinos uenit poëta. hactenus le-
ctum eſt κρόνοο. i. Saturni contra hiſtoriam. fed
ad rem.
Orpheus in Latonæ hymno,
Κοῦιης μεγάθυμε πολυλλίςε, βασίλεια:
in uulgaribilis codicibus. legitur κρατής neſcio
quarationc, nisi forte perperam; & κολεῖ, υ; dictus fic à κοιάδις, τος, & ῆος, & à κοίας; ις, fit κοιάδης;
à κοιάδης, κοιας, à κοιας κοιᾶς, à κοιάς uerò, ῆος,
Ionicè κοιηίδης, à κοιηίδης; κόμῃς. Callimachus
hymno in Delum,
ab Aufonis, Aufonitis; Lycophron in Alexandra.
Ὅτι Δαυνίτης αὐαντίτιδος μαχοῖς
Στεικε ὀππότ' ἴμαν ἀχρίαν ἐμιά:
ab Aegialis, Aegialitis. Archias in primo græcor.
Epigrammaton libro
Βαιὸς ἰδεῖν ὅτι ὁ σπίσανος ἐπ' ἠριμαλβωδη κοίων χίλιω.
& fi

& fiqua alia.

pari conditione funt inter fe Deucalus, & Anthe
mus. qui cùm aliter notioribus uocabulis Deu-
calion, & Anthemion appellati fint: quæ patronymica faciunt Deucalides, & Anthemides
per fyncopen facere exiftimantur à Deucalionides, in quam fententiam ego neque pedibus eo,
neque manibus: quia, fi figura in ijs utendum
erat: Deucalioniades, & Anthemioniades per
epenthefin, a, ante des facilius, & ufitatius, ut
Amphitryoniades, & Atlantiades, & Pelciades
dici poterat. uel etiam concifionem probemus,
fed, quæ non duarum fyllabarum, quæ rariffima
eft: at unius fit ex Deucaliades, & Anthemiades
factis à Deucalius, & Anthemius quadrifylla-
bis, & in us puram defineuribus, ut à Nauplius,
Naupliades, Palamedes Nauplij filius: ab Na-
gnius, Nagniades, Tiphys Nagnis, ab Agrius,
Agriades, Therfites Agrii. quod ultimum paucis notum age declaremus, & fimul Ouidio
duobus in locis profanato expiatorias manus af
feramus. Therfites qui fuerit, omnibus notum
eft ex Homero II. Iliados rhapfodia. Patris nomen paucis adhuc compertum. Itaque bis ab O-
uidio pofitum, cùm ignoretur bis turpiter ul-
tiatum eft. dicebatur Agrius, eratq præterea
Oenei fratrum, Meleagri, Tydei, Gorges, Deianiræ patruus. docet Euftathius ad fopra cita-
tam Homeri rhapfodiam, & Apollodorus libro
biblio-

bibliotheca . licet Therſippum hic nuncupet u-
num ex Agrii filiis, non Therſiten . quem , dum
alium non inuenero autorem , qui aliter doceat:
iuuat me credere,eundem eſſe Therſitæ,Ouidius
uerò poſuit primum in epiſt. Deianiræ . ʼ
Heu deuota domus, folio ſedet Agrius alto .
Oenea deſertum longa ſeneɔ̃a premit .
Deinde lib. III. de ponto , elegia I X.
Autor opus laudat . ſic forſitan Agrius olim
Therſiten forma dixerat eſſe bona .
utrunque locum corruptela inuaſit . hic Accius
uulgo legitur, pro Agrius : illic acrior . tu utrunque corrige . & primum declara ex Apollodoro ;
alterum ex Homero . Redeamus à diuerticulo in
uiam . Quæras autoritates de Deucaleus & Anthemius ? non habeo de utroque . Anthemius a-
pud Agathiam., citante Euſtathio ad quintum
Odiſſeæ librum , reperitur pro incendiorum per
ſpecula opifice ad Archimedis imitationem .
Porrò quod Deucalus , & Anthemus dicantur:
conſtat , pro mea quidem ſententia ex patronymicis . nec longius abit à mea ſententia Euſtathius,qui uerſibus illis Homericis ex 4. Iliados li.
Εὖθ᾽ ἴβαλ᾽Ανθημίωτος ἱὸν τι λομώνιος Αἴας.& inferius.
Τοῖον αρ᾽Ανθημίδην σιμφείσιον ἐξενάρειξεν
Αἴας διογ̉μής .
ita ſuperſcribit . oportuit Anthemioniden dicere . quoniam Anthemionis filius paucis antè Si-
moiſius diceretur.quod ſi etiam forte Anthemus

trium

trium fyllabarum pater uocabatur: dicetur recte
Anthemides ex ipfo. Hæc Euftathius. quæ ua-
leant poftulo etiam in eo, quod Poëta Idome-
neum Deucalionis filium uocari facit Deucáli-
den à Merione in X I I I. Iliados lib.

Δει ϰαλίδη πήτ' αϕ μέμοναϛ ϰϱ̃α δύναι ὅμιλον.

fecerit more fuo, qui propriis nominibus, & patronymicis aliter, atque aliter utitur. fed quis
prætereat Nicolai Blafti teftimonium? clarum, &
graue, ac nullo modo prætermittendum. Anthe
mides (inquit in magno etymologico) ficuti Deu
calion, ónis, Deucalionides: fic & ab Anthemion, onis, Anthemionides, & Anthemides
per fyncopen. uel ab Anthemus, Anthemides,
ut Deucalus, Deucalides: & Cronus, Cronides:
& Nyllus, Nyllides: hæc ille, quibus adiicere
poffis alia innumerabilia, in aliis duo cum non
pauca utilitate unum, Inachus, Inaclides. qui
& Inachius, Inachiades. à quo Inachias communiter, Inachione doricè. ideft Iò Inachi filia Callimachus hymno in Dianam,

Κιϰλιμέψει ναίασι ὅοὸϛ πϱοϱ̀ Ιναχώτηϛ.

ficut ab Icarius, Icarione, Penelope Icárij filia:
ab Acrifius Acrifione, Danaë Acrifii. de quibus
iam dictum eft fuis locis in fuperioribus. ab Inachus fieret Inachis communiter Inachire doricè. quomodo ab Oceanus Oceanine, ab Adra-
ftus Adraftine: à Neptunus latina uoce (forfan
audacter) Neptunine. Catullus in epithalamio

Pelei,

Pelei, & Theridos,

Te ne Thetis tenuit pulcherri ma Neptunine?

Alterum Aeolus, Aeolides, modò pro quolibet

Aeoli regis uentorum filio. ut apud Ouidium li.

metamorphoſeón nono.

At non Aeolidæ thalamos timuere ſororum.

hoc eſt Aeoli uentorum regis filii, qui ſex maſcu-

li erant: non timuerunt cum totidem ſororibus

matrimonio copulari, patre ipſo iungente, ſine

ullo offendendæ religionis, pietatis ue metu.

quod Homerus canit lib. Odiſſeæ X.

Τοῦ ϗ δώδικα ταῖδις ἐνὶ μεγάρεσις γεγάασι,

Εξ μὲν θυγατέρις, ἓξ δ' υἵες ἡβώοντες.

Ενθ'ό γα θυγατέρας πόρεν ὑάσιν εἶναι ἀκόιτης.

Ο'δ' αἰεὶ παρὰ φίλα, ϗ μητέρι κεδνῆ

Δαίνωνται, παρὰ δέ σφιν ὀνείατα μυρία κεῖται.

Et quæ ſequuntur, quæ omnia bene eſſe, & rectè

procedere Aeoli filiis, qui germanas ſoróres ſibi

duxerant in uxóres : clarum, manifeſtumq́ue fa-

ciunt. Vnde Ouidiani interpretis error conuin-

citur, qui, quod multorum erat, ad unum Ma-

careum. Modò pro Macareo, qui & ipſe fuit Aeo-

lides, ſed ab altero natus Aeolò; Etruſcorum re-

ge. teſte Plutarcho in paraſlelis. ex quo ille, & ſo

ror Canace, natu minimi ſex fratrum, & ſex ſoro-

rum furtim patre ignaro ſimul concubuerunt, fi-

liumq́; ſuſceperunt. quem deprenſum auus feris

exponi mandauit, & reliqua perpetrari, quæ Na

ſo exequitur in Heroidibus, epiſtola Canaces ad

F   Mace-

Macareum . Ita ut duo fuerint Aeoli, uterque
duodecim filios habens, uterque fex mares, &
fex feminas. fed confufi funt à poëtis, unius rebus alteri contributis. quod & quàm plurimis in
aliis eft factum.
Adde & tertium Hellénis filiũ, de quo Apollodorus lib. I. bibliothecæ, Diodorus Siculus, & alii.
ex quo genitus Deion,qui & Deionens:ex Deione Cephalus,ab auo dictus Aeolides. Ouid.lib.6.
metamorph.
E quibus Aeolides Cephalus te coniuge felix
Procrifuit.   & lib. VII.
Afpicit Aeoliden ignota ex arbore factum
Ferre manu iaculum.
Quibus in locis uiri fanè quàm docti,non tenen-
tes memoria, Aeolum Cephalo fuiffe auum , uoluerunt fcribi Eioniden à patre Deione,qui,abla
ta confonante ex prima fyllaba , factus fit Eion.
ut è Macco, Acco;Caulon , Aulon ; Pifaurus,
Ifaurus:non aduertentes,uitium in fyllaba cõmit
ti, cùm prima, i, fit uocalis, non confonans. O-
uid. lib. metamorph. IX.
Tunc erat inualidus, Deionidenq; iuuentæ.
Callimachus hymno in Dianam ,
Καὶ κεφάλου ξανθὺ ἄλοχον Δηϊονίδαο.
malè itaque uertit Sabinus quidam interpres
Quin flauam uxorem Cephali mox Deionidæ.
fecunda , quæ longa eft, correpta, & penultima,
quæ breuis, producta. non incommodè uerteris.
                                                        Et

Et pulchram uxorem Cephali Deione creti.
Fuerunt & alii Aeoli, qui, quòd nihil doctis auribus dignū afferunt: non indignè prætereantur.
Diuersa conditione sunt tres sequentes à tribus
superioribus. illi cognitiores nominibus in, on,
desinentibus patronymica habuerunt ab igno-
tis nominibus in, us, Latinè terminantibus. hi
desinentes in quamlibet aliam terminationem,
patronymica magis faciunt ab in on desinentibus: Iapetus, ti, Iapetion, onis: Talaus, lai, Talaion, onis: Oedipus, podis, Oedipodion, onis.
ab Iapetion, Talaion, Oedipodion patronymica extant Iapetionides, Talaionides, Oedipodionides: ab aliis non item. & tamen Iapetides
ab Iapetis: à Talaides à Talaus: Oedipodides ab
Oedipus rectæ sint formationis. Duorum prio-
rum usui obstitit diffi....... siue impotentia in he
roicum carmen ingrediendi, tertii δ literæ ἐπαλ-
ληλία, siue κακοφωνία. Scribendum quosdam uo-
luisse, Iapetionidem, Talaionidem, Oedipodio-
nidem fieri ab Iapetide, Talaide, Oedipodide
κ.ᵗ τλω .... δύο .... numero ue-
tustiores grammatici censen.....aliis iunioribus
placuisse magis ab Iapetion, Talaion, Oedipodion formari patronymicorum usum recogno-
scamus. hoc recognito quid grammatici sense-
rint, à quibus ego standum censeam; subnota-
bo. Iapetionides. Ouidius lib. metamorph. 1 I I.
Hic hominum cunctis ingenti corpore præstans
                                    F 2   Iapetio-

Iapetionides Atlas fuit.

Hefiodus in Theogonia,

ῤ κακὴν δ᾽ ὑπὸ τοῦσον ἀλαλκεν
Ιαπετιονίδη, ᾧ ἰλύσατο δυσφερσωάων.

Idem inferius,

Οὐδὲ γὸ Ιαπετιονίδης ἀκάκητα Περμηθεύ.

Hinc femininum Iapetionis, nidis. Pindarus
Olympior. Specie IX.

Αρχᾶϑιν Ιαπετιονίδας
Φύτλας κούρει.

Ταλαϊονίδης. Statius lib. II. Thebaidos.
Cum fenior Talaionides.
ubi multis in exemplaribus Talaoniades, ac fi di
ceretur Talaon, onis. quod, reperiatur nec ne,
ignoro. Sed ut hoc mihi obfcurum eft, ita illud
perfpicuum. Homerus in II. Iliados lib.

Μηκιςέως ἱὸς Ταλαϊονίδαο ἄνακτος.

Pindarus in olympiis Specie. VI.

Επτὰ δ᾽ ἔπεϊτα πυρᾶν νεκὰν πλι-
ϑέντων, Ταλαϊονίδας
Εἶπεν ἐν Θήβαισιν τοιοῦτόν τι ἔπος.

Oedipodionides. Statius lib. I. Thebaidos,
Oedipodionides furtim deferta pererrat
Aoniæ.
Apparet ufus. dicamus de formatione. de formatione ita Euftathius ad Homericum fuperius ad-
ductum carmen teftatum reliquit. Sciendum,
quod paulò antè dictum eft, Meciftea Talaioni-
den poëta uocat, ideft Talai filium. uidetur bi-
nominis

nominis effe Talaus, uocariǵ; Talaus, ex quo pa
tronymicum Talaides : & Talaion. unde Talaionides. Si ucrò non dicitur duplici nomine, fed
uno Talaus, pleonafmon paffus duarum fyllabarum Talaionides ἀπὸ τῶ πτιλαῶ factus. ut & antiqui
dicunt : Variat non nihil Euftathius. certiora loquitur Demetrius Triclinius in fcholiis ad præ-
fcriptos Pindari uerfus. à Talaus (inquit) Talaion : ab hoc Talaionides. Nihil hac Triclinii do-
ctrina clarius dari poteft.at fi quis obftinatior per
ftet côtendere, patronymica hæc fieri per duarū
fyllabarum acceffionem, ab Iapetides, Talaides,
Oedipodionides, propterea quòd non inuenian-
tur Iapetion, Talaion, Oedipodion : refpondeant
huic pro me, & pudorem imponant primùm O-
uidius, qui poffeffiuo Talaionius à Talaione u-
fus eft lib. III: de arte amandi. ‑‑ ‑‑ ‑ ‑‑
Si fcelere Oeclides Talaioniæ Eriphyles :
deinde idem Ouidius, & præterea Statius, &
Lucanus, qui poffeffiuo Oedipodionius, quod à
pofitiuo fieri neceffe eft, non à patronymico:funt
ufi, minimè ufuri, nifi pofitiuum alicubi legiffent
Ouidius lib. meramorphofeon XV. -
Oedipodioniæ quid funt, nifi nomina, Thebæ?
Statius lib. II. Thebaidos,
-Importuna crepido
Oedipodioniæ
Lucanus lib. VIII. Pharfalidos
Damnet apud gentes fceleris non fponte peracti
Oedi-

Oedipodionias infelix fabula Thebas.
Dicitur Oedipus, pi, & Oedipodes, dæ, idem
qui Oedipodion, onis, & Oedipus, podis; ac
Oedipodion cum duobus aliis monſtrati ſint, hi
ex Triclinij, & Euſtathij commentariis, ille ex
noſtrorum poëtarum carminibus. Oedipus uerò,
podis, inueniri eſt apud omnes prorſæ, uorſæq́;.
orationis autores, ſed unus Pauſanias ſatis fuerit
pro mille, qui ter, tribus ferè lincis, uſus eſt in At-
ticis, ibi. Eᵛὶ δ᾽ ἐπτὸς τῶ ὦελιβόλυ μνῆμα Οἰδίπωδὸς.
πολιωργγμϊνῶν δὲ δ᾽ελιϙικον τὰ ὀςᾶ ἐκ Θηβῶν κομι-
ϑίντα. Τὰ γὸ ἰς Θάνατον Σοφοκλεῖ πεποιημϸύα τῶ Οἰδίπωδὸς, Ὅμηϙος οὐκ εἶα μοι δόξαι ωςᾶ. Οϛ ἔφη μηκετία πα-
λὸ πίσαντος Οἰδίπωδὸϛ ἐπιτάφιον ἐλθόντα εἰς Θήβας ἄρι
νίταϑαι. Sic Oedipodes, podæ, uox frequentiſſi-
ma poëtis. pro quibus omnibus Homeri auto-
ritas ſatis fuerit. qui X I. Odyſſeæ rhapſodia
dixit,
Μητίϙϙ οἰδιπόδαο ἴδυ υϙλὶυ ὀπαϙάισνϊ.
Οἰδιπόδαο æolicè pro Οἰδιπόδυ. ideſt Oedipodæ.
quod nomen poëticum eſt, factum à genitiuo Οἰ-
διπόδὸς mutata δος in διϛ. docet Euſtathius ex
Herodiani autoritate proximè citatum Homeri
carmen interpretans. hinc Statius graecos ſecu-
tus poëtas, in Thebaidos propoſitione, dixit,
- limes mihi carminis eſto
Oedipodæ confuſa domus.
Oedipus, dipi, monſtrandus, hoc minus frequen
ter graeci, frequentius latini uſi ſunt, ſumpſe-
runtq́;

runtq; ab Acolibus, à quibus Οἴδπος, δίπου, ef-
fertur, ut licet dicere ex iis, quæ collegit A-
thenæus dipnofophiftón. lib. VII. agens de poli-
pode, quem & πολύπεν atticè dici commonet à
recto πολύποος, λύσης, facta crafi: & πόλυπον per
abiectionem τῦ ο ex πολύποος. fcilicet, quod πους,
ποδὸς dicatur, & πόος, πους per crafin in omnibus
cafibus, ut πόος, νους: παίθοος, παίθους. unde no-
minandi cafus Virgilio Panthus II. lib. Aen.
Panthus Othryades arcis, Phœbíque facerdos:
& Panthu cafus uocandi à παίθοι, παίθου. Idem
eodem lib.
Quo res fumma loco Panthu.
Aeolicum, igitur idioma eft Oedipus, dipi. fic
& ἀελλόπος ἰρις VII. Iliados lib. & ἀρήπος ἄπ. IX.
apud Homerum, pro ἀελλόπους, & ἀρήπους. ὠκύ-
πος ἥλιος in I. græcorum epigrammatūm libro,
pro ὠκύπους: τιβάπον ῥίπον in iphringos enigmate,
pro τιβάπουυ, & ῥίπουυ, ut δίπουυ.
Εςιν δίπουυ ἐπὶ γῆς, ἐ τιβάπον. οὖ μία φωνὴ:
Καὶ ῥίπον. & fequentia.
Plautus in Pænulo,
Oedipo coniectore opus eft.
Cicero de fato, copulata etiam res eft, & confa-
talis (fic enim appellat) quia ita fatum fit, & con-
cubiturum cum uxore Laium, & ex ea oedipum
procreaturum. & paulò pòft, Ergo nec de Oedipo potuiffe Apollinem prædicere. Idem de fene-
ctute, Tum fenex dicitur, eam fabulam, quam in
mani-

40

manibus habebat, & proximè fcripferat: Oedipum Coloneum recitaſſe iudicibus. Adnotandū
in his tribus patronymicis, & ſimilibus, in quibus ab i litera media dactylus incipit:illam τ lon
gari, o uerò ſequens corripi. Contra quàm fiat
in Acriſioniades, Amphitryoniades,& huiuſmo
di. in quibus o ſequens producitur, i, præcedens
corripitur, quod neceſſitate fieri non malè dixe-
ris, quoniam aliter in heroico uerſu ſtare non
poſſunt.Conſimile patronymicum tribus illis eſt
Elationides .quo Iſchys Elati filius deſcribitur.
Homerus in hymno Apollinis,

Ἴχυ ἄμ᾿ αἰηθίω Ἐλατονίδη δίππω.

Ergo Elation dicetur, & Elatus. Elation patet ab
Elationides patronymico, Elatus ab Apollodori hiſtoria lib. III. bibliothecæ.

Τοῦ δὲ, ἀνῇ τὴν τοῦ πατρὸς γνώμω, ἰλομδύω, Ἰχῦ
Τῷ ἰλάπου ἡῶ ſuuoxεῖν.

In Igino tam Elati uox, quàm Iſchys deprauata
eſt,lege ipſum in hydra, & corrige.
Fuerunt & alij duo Elati,unus inuulnerabilis
Cænei pater. Ouidius lib. metamorph. VIII.
Proles Elateia Cæneus.
alter Polyphemi, non Cyclopis ; ſed argonautæ.
à quo patronymicè Polyphemus Ἐλατίδης uocatur? ab Orpheo,& Apollonio producta prima
per ει diphthongum. quæ, diphthongo non
inducta: eſſet Ἐλατίδης, ideſt Elatides, ſyllabis
item ſecunda, & tertia breuibus, nec ab heroico

co uerſu reciperetur.

Erichtonij duo præcipuè celebrantur, unus Dardani filius, rex Troiæ : alter Athenarum rex, Vulcano genitus, quando properans Mineruam ſtuprare reluctantem, genitale ſemen in eius femur effudit. ex quo, lana ab Dea deterſo, & humi deiecto, conceptus, editusque eſt infans, dictus ab re Erichthonius, τὸ ἔριον lana, ἡ χθὼν terra. Placet aliis, dictum eſſe ὑπὸ τῆς ἔριδος, καὶ τῆς χθονός. ideſt à lite, & terra. Erichthonius hic & Erichtheus, ſiue Erechtheus uocatus eſt. innuit Euſtathius ad illud Homericum ex II. Iliados rapſodia hemiſtichium, quo factum penè ob oculos ponitur,

Δῆμον ἐριχθῆος μεγαλήτορος, ὅν ποτ᾽ Ἀθήνη

Θρέψι διὸς θυγάτηρ, τέκε δὲ ζείδωρος ἄρουα

Κάδ᾽ δ᾽. ὁ Ἀθήνη εἶσεν ἑῷ ἐν ̣̣̣̣̣̣̣̣̣̣ ̣̣̣̣̣̣̣

ab Erichthonius: Erichthoniades patronymicū & per ſyncopen Erichthonides. Blaſtus autor. ab Erechtheus, Erechtheides, & contractè Erechthides pro Athenienſi. Euripides Medea,

Ερεχθείδαι τοπαλαιον ὅλβιοι ̣̣̣ ̣̣

Ouidius lib. metamorphoſeon VI. ̣̣̣̣̣̣̣̣

Nullus Erechthidis fertur celebratior illo ̣ ̣̣

Illuxiſſe dies.

Et Erechthëis femininū pro Orithyia Erechthei filia, penultima longa, quia ionicum eſt per ī.

Apollonius lib. I. argonauticon

Οὕς ποτ᾽ Ερεχθεὺς βορίη τέκε ̣̣̣̣̣̣̣

Sunt

Sunt tamen, qui diuerfos uolunt fuiffe Erichtho
nium,& Erechtheû. quia Erechtheus Pandionis
filius fuerit, & ex hoc natam ferunt Orithyiam.
Vtcunq; fit, Erechtheus, Erichtheus'ue trifyllabû
nomen eft, ẅ diphthongum habens in ultima, nõ
quadrifyllabum, cum æ in penultima, ut malè tra
ditum eft à quibufdam, fuis in dictionariis.

Τυφάων, φάσος: τυφῶν, φώνος per crafin:
Τύφῶς, φω ἐν δηματαλεξία: Τυφωΰς, φώιως:
quatuor funt unius gigantis appellationes. docet Euftathius ad Homericæ Iliados catalogum.
addit Lafchares quintam Τυφών,φωῶνος. Latinè di
ces, Typhaon, phaonos: Typhon, fiue Typhó,
phonis: Typhòs, pho: Typhoëus, Typhoëi.
(Quæ tria, Typho, Typhos, Typhoëus à Prifcia-
no quoque agnofcuntur lib. II.) Typheon, onis,
Typhaon legitur in Hefiodi Theogonia.
Τῇ δὶ τυφάονα φασὶ μιγήμεναι ἐν φιλότητι.
& Homeri hymno in Apollinem.
Δεινόντ' ἀργαλιόντε τυφάονα; πῆμα βροτοῖσι.
inde poffeffiuum Typhaonius. a quo Τυφαόνιος ὁ-
λιτὴρ Pan: τυφαόνιοι ἀλγληπόμ, Typhonis uertigi-
nes: Τυφαονίη πέξη, Typhonis petra.
Oppianus lib. III. halieuticôn, in principio,
Ζίωος μὲν ῥυτῆρα, τυφαόνιοι ὁ' ὀλιτῆρα.
Idem paulò inferius,
- ξανθαὶ δὲ παρ' ηϊόνεσιν ἰτ' ἄχθαι
Λύθρῳ ἐρδθόωσι τυφαονίων ἀλγληπῶν.
Apollonius non longè ab extremo 2. lib. Argon.
Κιγάνευ

Καυκάσυ ἐν κνημοῖσι, τυφαοτίν ὅλα πίζη.

Ἐνθα Τυφάονα φασὶ διὸς κεφνίδιο καραυνῷ.

Βλήμθνον. & reliqua.

Typho, & Typhoëus paſſim reperiũtur apud om-
nes & poëtas & hyſtoricos: à Typhone patrony-
micum eſt femininum Typhonis, nidos. Vale-
rius Flaccus Argonauticôn lib.IIII.
Inſuper Harpyiæ Typhonides, ira Tonantis.
Depopulant, ipſoḱ, dapes prædantur ab ore.
Harpyiæ Typhonides uocantur, quòd, eodem
Valerio teſte, partem habuerint Typhona.
Sic enim de ipſis loquitur inferius.
Implorant clamore patrem Typhona nefando.
Quod ſi aliter ſcriptum reliquerunt Heſiodus, &
Apollodorus, qui Thaumantem patrem Harpyis
tribuunt, non Typhona: mirum nihil. dicet ſcri-
ptoribus diſſentire, præſertim in rebus poëticis,
& fabuloſis. Ira autem Tonantis, appoſitio eſt figura. quòd cæcitas, & Harpyiæ Phineo immiſſæ
ſunt Deis iratis, & potiſſimùm Ioue, quia futu-
ra prædicebat. quod ſequentia palàm faciunt.
quæ non appono; ne longius procedam. pauca
hæc ante modo fuerint non importune, quia Flac-
ci locus peruerſè exhibitus in uulgatis codicibus, peruerſius aſſeritur ab interprete, tam in cô-
mentarijs, quàm in maioribus (inquit ipſe) an-
notamentis. Cap. CXLVII.
A Typhoëus quoque femininum patronymicum
habetur Typhois. Ouidius in epiſtola Sapphus,

G 2   Arua

Arua Phaon celebrat Typhoidos Aetnæ. Eſt hic
tamen, quod aduertas. canonicum eſt Τυφωεὶς à
Τυφωείδης. ſed i ψιλὸν detrahitur ex ει diphthógo,
ut ι breuis remaneat. ſic Claudianus poſſeſſi-
uum, quod eſt Τυφώεως, protulit per ι detracta
lib. III. de raptu Proſerpinæ.
- Rupit ne Typhoia ceruix,
Inarimen?
Contra Virgilius detraxit ι, retinuit i. libro
Aeneidos primo.
Nate patris ſummi qui tela Typhoëa temnis.
A Typhos, & Typheon, patronymicam uocem
habeo nullam.
Phorcus, ci, marinum numen. Virg. lib. Aen. V.
Phorciq; exercitus omnis.
Pindarus Pythiorum ſpecie XII.
Ητοι τότι Θεωτέσιον
Φόρκοι ἀμαύρωσιν χρόος.
Φόρκοι pro Φόρκοιο. Φόρκωο pro Φόρκω. ideſt
Phorci. Apollodorus etiam manifeſtius lib. II.
bibliothecæ. Οδὶ (Perſeus ſubaudiatur)
Ερμοῦ, καὶ Αθηναῖ περκαθηρουμλµϝων ὅτι
Τας φόρκου χίνεται θυγατέρας, ἐν τῷ περφριδῷ, καὶ δ ἐπιὼ
(alia lectio, ἐπιὼ, & περφιδῷ in duabus prima, &
ſecunda) ἦσαν αὐταὶ κύκλ̀ς τι, καὶ Φόρκου χορχόναν ἀ-
δλφαὶ, χραίαι ἐκ χλυιτῆς. Idem & Phorcyn, cynis,
Heſiodus in Theogonia.
Τοῦτο μὴν ἐκ κηπούς, καὶ Φόρκυναος χλύος ὅτὶ.
Homerus in Odyſſea lib. XIII.

Φόρκυ-

Φόρκυνος δ᾽ τις ὅτι λιμίω ἁλίοιο γέρνπς.
Idem Phorcys, cyos. Heſiodus ibidem,
Φόρκῦι δ᾽ αἲ κητὼ γραίας τίκε καλλιπαρήυς.
Ponuntur etiam Phorcyn, & Phorcys pro mor-
tali ab Homero XVII. Iliados li. intra ſeptem uer-
ſus, quorum primus,
Αἴας δὲ Φόρκυνα δ᾽ αἰφρονα φαίνοπος ὑόν.
ultimus eſt.

- Φόρκυν θ᾽ ἱπποθόόν τε.

A Phorcus patronymicū eſt femininum Phorcis.
Propertius lib. III. eleg. XXII.
Sectaq; Perſea Phorcidos ora manu.
Femininum etiam Phorcynis à Phorcyn.
Lucanus lib. Pharſalidos IX.
S quallebant latè Phorcynidos arua Meduſæ.
libet, te hîc admonere, ~~ut considerem aliquantulū~~,
quota declinatio eſt, & tui uſmodi, ~~quem Laſcha~~
res tradit, & perſequitur his uerbis lib. III. quo
fuſius agit de nomine, & uerbo per, omnes dia-
lectos ὁ Φόρκυς, τῦ Φόρκυ, τῷ Φόρκυ (ὅθεν καὶ Ησίοδος
ἐν Θεογονία, κητὼ δ᾽ ὑπλότατον Φόρκυ φιλότητι μιγεῖσα)
τὸν Φόρκυν. & reliqua, ~~mihi enim incognita~~ eſt, &
~~datiuus illa Φόρκυ~~ apud Heſiodū uidetur eſſe, uel
contractus ab integrò Φόρκῦ, uel abſciſſus tàm à
Φόρκῦ quàm à Φόρκυ. Adiiciamus prædictis ū̔ς ſyl
labam in Φόρκυς non uſquequaque (quod Laſcha
res docet) eſſe breuem: ſed & longam. Homerus
Iliados lib. II.
Φόρκυς αὖ Φρύγας ἦγε, καὶ Ασκάνιος θεοειδής.

Idem

Idem Iuris effe ultimæ Typhys ex Apollonio,
Ichthys ex Oppiano didicimus. Apollonius li.I.
Argonauticón,

Τάφυς Αγνιάδης

Oppianus lib. I. halieuticon,

- Ο δ ὶ ῥίμφα ἠμῖν κατιδίξατο χαλκοῦ.

Ἰχθὺς ἁπάσας.

Hæc tamen excitatio quædam fuerit ad ueritá-
tem diligentius indagandam:non Lafcharez exi
ſtimatiónis uellicatio. inhumanior enim fim, fi
quicquam ei detractum uelim, qui & eximiè græ-
cam tenuit literaturam, & difcendi cupidos docuit benigniſſimè. Ἰλεὺς, λίος, ideſt Ileus, lei : Oi-
λεύς, λίος : ideſt Oileus, lei : Ἴλιος, λίω : ideſt Ilius,
lij : & Οῖλιος, λίω, ideſt Oilius, lii, Aiacis Locri
pater. dictus Ileus teſte Hefiodo,

- Οὖνεκα νύμφην

Εὐράμμος Ἴλιω μιχθῆ ἐρατῆ φιλότητι.

cuius genitiuó cafu attico ufus eſt Lycophron
in Alexandra,

Λατρὼν αἰμαι, καὶ πυρέντθσι νάπαι
Καὶ πᾶς ὀλυαδοκαῦς Ἰλίαις δόμος.

ab Ileus factus eſt Oileus per pleonafmon o. ab
Oilcus patronymicoñ Oilides.Propertius lib.III.
elegia I.

Victor Oilide rape nunc, & dilige uatem.
ab Ileo non memini me legere. poteſt tamen ca-
nonicè formari, ut ab Oileus, Peleus, Alceus.
qui & Alcæus. ideſt Ἀλκεύς, κέος, ὁ καὶ Ἀλκαῖος, Ἡ-

καίυ :

ϗαίν ꞓ & ablecto iota Aeolicè Ἀλκάος, κάϗ. ab illo
Alcides patronymicum, quo nullum tritius. ab
hoc Alcaides. Pindarus Olympior. Specie. VI.
Ἡϱακλίης, σεμνὸν Θάλος Ἀλκαιδᾶν.
Sic à Θηβαίος, Θηβάος, Θηβαίδης masculinum, Θηβαὶς
femininum. quam uocem Antimachus in Græcis, Papinius in Latinis titulū esse suis'Poëmatis
uoluerunt,quæ de rebus Thebanis conscripsere.
Papinius lib. XII, & ultimo.
O mihi bis senos multum uigilata per annos,
Thebai. Stephanus de Vrbibus,
Τ δ̓μνασὸς ἰκλήθη δ̓ ὡς Ἀντίμαχος ͼρϙόͳω Θηβαίδος.
Idem & Alcæo, onis nuncupatus est. quo Sappho usa est teste Varrone lib. VIII. linguæ la-
tinæ his uerbis. Reprendunt, cum ab eadem
uoce plura sunt uocabula declinata, quæ syno-
nyma appellant. ut Sappho, & Alexus, & Alcæo. fit Geryon, Geryones, & Geryonas. hîc
tamen ego magis Geryoneus legendum opi-
nor. uel ad fideliores prouoco codices. idem inferius, ac non sacere, cùm dixerit recto casu Alcæus, in obliquis dicere Alcæoni, & Alcæonem.
redeamus ad Olleum. Cùm propositum sit, o,per
pleonasmon in Oileus, & Homerus alibi semper
appellat Oιλία ꞓ reprensione haud carent, qui,
ubi scriptum est in catalogo.
Οῖλῆος ταχὺς Αἴας ꞓ
Volunt separatim scribi, ὁ Ιλῆος. ut sit, ὁ, τῶ Ιλῆος
Αἴας. quod Homericum non est, inquit Eusta-
thius,

thius, & eo confirmat uerſu, Οὐδ' ἀρ' Οἰλάδ'ʰ μα-
γαλήτωρ λοκςὶ ἵππ·ῦ. in quo uerſu loci nihil tſt ar
ticulo ό. & illud ſimul apparet,Oiliaden patrony
micum quinque ſyllabarum eundem eſſe cum
Oilide quatuor. ſed Oiliden fieri ab Oileus, Oi-
liaden ab Oileus, quo utitur Homerus in VI. Ilia
dos rhapſodia .

Κόψιν Οἰλιάδης κεχολώμθμος Αμφιμάχοιο .

quanquàm,nonnulli conciſum eſſe exiſtimarunt
ab Οἰλπῖάδης. quæ formatio partim Ionica cſt,
partim poetica,Ionica, quia in Τηλπίδης antepe-
nultima cſt ·: poetica, quia ubi ſunt antepenul-
tima longa, & penultima breuis ; aſſumitur, a ,
ante δης ultimam,ob metrum præſertim in uerſu
heroico, ubi dactylus locum habet, amphima-
crus non habet. ut Telamonides,Telamoniades:
Georgius tamen tegnographus ab Oilius dedu-
ci contendit.quem ſequor non inuitus.quoniā &
Pindarus in fine nonæ Olympiorum ſpeciei Ilia-
den uocat Aiacem Oilii F. ab Ilius, qui & Oilius.

Ος τ' Ιλιάδα ·ι- · , ;)   , .

κῶν ἐπιςεφάιωσι βωμόν .

ad quem locum ita ſubſcribit Scholiaſtes:

Ιλιάδα. τῦ Οἰλίας παιδὸς τῦ Αἴαντος τῦ λοχεγῦ.
αλλ' δὶ τῦ ē εἴρηκιν τὸν Ιλιάδα. ὥσπιν φησὶ
καὶ Ηςίοδης .

Satis productum eſt ủel militum, uel teſtium,
multò etiam plus,quàm ſatis, ad conuincendum
propria quædam uirorum nomina non modò δ-
        φορεῖδαι ,

φορεῖδϑαι, & διώνυμα ἐῖσε, υετῦ etiam πλικφορικῶς
dici, & πλιωνυμικῶς. quorum alia ſunt in uſu ſine
patronymicis: pars gignit patronymica uſitatiſſi-
ma, nec ipſa ſunt uſitatiora : quædam & ipſa ſunt
in uſu, &, quæ patronymica ab ipſis deriuantur.
Num perſequendi plura finem faciam, ſi prius er
rorem, qui cōmunis eſt grammaticorum omniū :
detexero, & pro mea parte ueram conuertero in
uiam. Docent pleriq́; omnes grammatici, Phaë-
thontides, quæ & Phaethontiades interdum me
tri gratia dicuntur: patronymicum eſſe à fratre,
quo Phaëthontis ſorores denominentur. tu ne-
ga omnino, & doctrinam iſtam explode, & reij-
ce, ob illam potiſſimùm rationem, quòd patrony
mica à patribus fiunt, unde nomen: & ab his
omnibus, quæ principium quodammodo pluribus eſſe poſſunt, ut euixa, præter (à quo μηξοτυμι-
κόν apud Pindari commentatum in Pythijs, ſpecie III. & alibi) patria, locorum propria condi-
tor, princeps, & huiuſmodi, in quibus frater
non connumeratur: quòd ramus magis ſit, quàm
arbor: riuus, quàm fons: latus, quàm caput. dic
poſſes à patris cognomine formari. Sed enim
Phaëton cognominatur. id eſt ſplendidus Home
rus in hymno ſolis.
Ἥλιον ὑμνεῖ ν αὐτι διὸς τέκος ἄρχαο μοῦσα
Καλλιόπη φαίδοντα.
Idem Iliados lib. XI.
Εὖτι γὸ ἴλιος φαίδων υπερίον ϑι γαλης

H   Idem

Idem Odyſſeæ lib. itidem X I.

- Οὐδὲ γὸ αὐτοὺς

Ἥλιος φαίϑων ὑπὸ ἔρκεται ἀκτίννασιν

Euripides, Leontius, Antiphilus, Martialis, Silius, Virgilius (quantùm nunc mihi ſuccurrit) e-
tiam cognomentum loco nominis poſuerunt.
Virgilius lib. v. Aen.

Nonam�q́; ſerena
Auroram Phaëtontis equi iam luce ferebant.
Ad quem locum doaè Seruius .Phaetontis ſolis.
ὑπὸ τῦ φάuς, κὴ αἴϑω. ſenſus eſt, Phaeton ſol dici-
tur à luce, & accendo. Silius lib. punicor, vi.
- primi�q́; nóuo Phaetonte;retecti
Seres lanigeris repetebant uellera lucis.
Martialis lib. iii. de pigris nautis
Iam próno Phaetonte ſudat Aethon,
Exardet�q́; dies, & hora laſſos
Interiungit equos Meridiana;
Antiphilus; eiſdem epigrammatum græcorum
lib. & uerſu iam ſupra citatis in uoce Pluteus.
Ἀμφοτέρας ἀδικεῖς κὴ πλευτά, κὴ φαίϑοντα.
Leontius lib. iiii. græcor. epigr. etiam declarat.
nam cùm Phaetontem præmiſiſſet, ſolem ſubie-
cit declarationis ergô.
Καὶ φαίϑων γραφίδιασιν ἴχ τύπον, ἀλλὰ χαράσα.
Ἥλιον τί χην κερπομβύων φαίων
Euripides (ut ab alijs citatur: nam ego nondum
legi) παρος τάλαιναι κόραι φαίϑοντος.
Quòd ſi κόραι φαίϑοντος ſunt, ideſt filiæ Phaetho
rjs

ris, non funt ἀδλφαί, ideſt, forores. fed fic à
patris cognomine Phaethontides nuncupantur
ut à patris nomine, Heliades. Dionyſius ἐν πι-
εϑγήϭ,

Ηλιάδις κώκυσαν ὁ δυϱόμεναι φαέϑοντα.

Ouidius lib. II. met.

Nec minus Heliades lugent, & inania morti
Munera dant lachrymas, & cæſæ pectora palmis
Non auditurun miferas Phaëthonta querelas
Nocte, diéq; uocant, afternunturq; fepulchro.
Probè, prolixeq; monſtratum eſt, Phaetontides
à Phaëthonte patre, non fratre deriuari. quid
Meleagrides?(dicet aliquis) nonne à Meleagro
fratre dictæ: ergò & à fratribus fiunt patronymica? inepta, ſtultaq; concluſio. Meleagrides non
ea ratione dictæ funt, quà Meleagri ſorores fuerunt: fed, ~~quia cum Meleagri~~ miferè extincti de-
ſiderium ferre non poſſent extabuërunt, & à Dia
na tandem miferefcente in aues conuerſæ funt.
quæ ab eo, cuius id fato contigerat: nomen ac
ceperunt. Adiuuat, quòd fuerunt, qui docue-
rint, non Meleagri ~~forores, his auibus~~ mutatas,
fed ~~familiares~~ quafdam Iocallidis in Lerná uirgi
nis, quam diuini s colunt honoribus. habes hiſtò
riã hãc in Suidæ collectaneis. Quarc tollatur om
nino ex patronymicorum præceptis illud, quod
patronymica fiãt etiã à fratribus. & Meleagrides
aues dicantur æquè, ac Meleagreæ. ut Diome-
deæ illæ, in quas Diomedis focii ſũt trasformati.

H 2   Ad

Ad poftremum (quia laborantem hanc literatu-
ræ partem femel adiuuare conftitui)nec illud re-
linquam indictum, quod ad patronymiæ rationem maximè pertinet: patronymica fieri à propriis nominibus, non ab appellatiuis: quòd ap-
pellatiua funt & communia, & de multis dicun-
tur.quamobrem fi ab ἀνθρωπος dixerimus ἀνθρω-
πίδης, oftendemus natum quempiam ex multis.
quod abfurdum eft.Solum enim Pana dicunt ex
multis genitum, unde & nomen cepit. fcribit
Blaftus in magno etymologico. quém, ut intel-
ligas:fcias oportet fuiffe fcriptores quorum unus
Duris Samius: qui fcriptis mandarunt, Penelo-
pen non fuiffe pudicam, quantum prædicat Homerus, fed fui copiam feciffe omnibus procis.
ex quorum promifcuo concubitu natum filium
Pana ab redenominatum fuiffe. quòd πάντων ὑὸς
effet . i. omnium filius: taxatur illius impudici-
tia àLycophrone quoque in Alexandra : quod
& Hermolaus Barbarus adnotatu dignum duxit
in caftigationibus Plinianis : & à poëta nefcio
quo in priapeiis, ex illo uerfu pluribus de-
monftratur,
Quæ fic cafta manes, ut iam conuiuia uifas.
& fequentia.Homerus uerò, qui φιλέλλην erat,
& φιλοδυσσός: ita fuum poëma inftruxiffe, & ad-
ornaffe,ut quæ mulier fuiffet impudiciffima: pro
pudiciffima celebretur. contrarium fecit Virgilius,& Ennius ante Virgilium, is φιλορρωμαῖος,
&

& μισοκαρχηδόνιος, commentus eſt, Didonem Carthaginis conditricem, quæ caſtiſſima fuit, & ſeſe ipſa occidit, ne cogeretur poſt mariti obitum alteri nubere: quod à Iuſtino traditur lib. XVIII. amore perditam eſſe in complexus Aeneæ Troiani abeuntisꝗ; in Italiam deſiderio,& impatientia mortem ſibi conſciſſe, & cremandum corpus in extructum ad id rogum proieciſſe. inde epigramma eſt græcorum epigrammatum li.IIII. in Didonis imaginem innominati quidem auto ria, uerùm non mali, neque inepti, quo Dido miſerabiliter dolet,& queritur, falſa, indignaꝗ; Virgilium eſſe commentum cótra caſtitatis ſuæ exiſtimationem. Lege græcum, protinus meum lecturus, meum dico, quòd à me latinitate donatum eſt, indicandæ rei gratia. proinde non niſi cum uenia legendum, quiter Auſonius, qui moltis retrò ſeculis latinum fecit, paraphraſtes magis fuit, quàm interpres, & mutando quædam, plura adiiciendo, materiem, quæ publica erat: iuris fecit priuati.

Αρχέτυπον Διδοῦς ἱερευδίας ὦ ξίνε λδίασϛ
Εἰκόνα Διατεθίω κάλλι Διμουδμιλίω.
Τοίω καὶ γδυόμλω. ἀλλ' οὐ νόον, οἷον ἀκούεις
Αἰχεὸν, ἱσπ' δίφήμοις δόξαι ἐντγκαμδμύη.
Οὐδὶ γδ Αἰνείαν ποτ' ἰσίδρακον, οὐδὶ χρόνοισι
Τροίης περδομδμής ἄλυθον ἰσλιβύlω.
Αλλὰ βίας φδίγρουσα Ιαρβάων ὑδμείων
Πῆξα κατὰ κεαλίης φάσγανον ἀμφίτομον

Πιείδς

Πιιρίδις τίμοι ἀγνὸν ἰφοπλίσα᾽ Μάρρα;
Τοῖα κα᾽ ἡμιτίρης ᾽δίσα῾ σωφρρσύνης.
Didonis genitiua hospes, quā cernis, imago est,
  Claraq; diuino munere forma nitet.
Forma quidē illa ipsa est, sed mēs nō turpis, ad aures
  Qualem sortè tuas improba fama tulit.
Aeneam uidi nunquam, neque diruta Troiæ
  Mœnia erant, Lybiam cùm mea classis adit.
In thalamos transire suos cogebat Iarbas.
  Ne facerem, stricto uindicat ense manus.
Quo mihi Pierides castus Maro concitus œstro
  Falsa meæ cecinit stupra pudicitiæ?
tantum prodest, obestq; habere scriptores ami-
cos, & inimicos. Vale cum Petro, & Cæsare fra-
tribus pueris beneq; studiosis, neque exigui pro
fectus, & cùm ætate, tum bonis literis, bonisq;
moribus crescite. ut dignissimi sitis, qui ab omnibus (ut opto, & spero) diligamini semper, &
plurimum commendemini. Fano cal. Nouembr.
M. D. LIX. Pontificia sede ob Pauli IV. exces-
sum uacante.

Laus, & gloria Deo
  sempiterna.